Gottes Gotisches Haus am Rhein

Erich Läufer (Hrsg.)

Gottes Gotisches Haus am Rhein

750 Jahre Kölner Dom
Ein Lesebuch

Mit Fotografien von Robert Boecker

J.P. BACHEM VERLAG

Die Deutsche Bibliothek – CIP-Einheitsaufnahme

Gottes Gotisches Haus am Rhein : 750 Jahre Kölner Dom;
ein Lesebuch / Hrsg. Erich Läufer. Mit zahlr. Fotografien von Robert Boecker. –
1. Aufl. – Köln : Bachem, 1997
ISBN 3-7616-1338-5

1. Auflage 1997

Einbandgestaltung und Layout: Heike Unger, Köln
Druck: Druckerei J. P. Bachem GmbH & Co. KG Köln
Printed in Germany
ISBN 3-7616-1338-5

INHALTSVERZEICHNIS

VORWORT

Innerhalb eines halben Jahrhunderts drei große Jubiläen – damit kann nicht jede Kathedrale aufwarten. Es liegt auch nicht an den Rheinländern, die gerne Feste feiern. Als 1948 in Köln die 700-Jahr-Feier der Grundsteinlegung des Kölner Doms angekündigt wurde, wurde es das erste weltweite Fest aller Deutschen nach Elend und Not des Krieges überhaupt und so etwas wie ein Signal zum Neubeginn.

1980 feierten dann die Kölner die ersten 100 Jahre nach der Fertigstellung ihres berühmten Bauwerkes im Jahre 1880. Im Jahr 1998 wird erneut an den 15. August vor 750 Jahren erinnert, an dem Erzbischof Konrad von Hochstaden den Grundstein zum gotischen Dom legte.

Unzählige Menschen besuchen das Jahr über die Kölner Kathedrale. Sie wünschen mit Recht Auskünfte über ihre Geschichte, über den Bau und die reiche Ausstattung. Diesen Erwartungen kommen zahlreiche Veröffentlichungen entgegen. Angesichts der Besuchermassen fragte ein ausländischer Journalist: „Wohnt Gott überhaupt noch im Kölner Dom?“ Die Frage ist nicht ungebührlich, denn es gab schon einmal eine Zeit, in welcher dieses Gotteshaus vor rund 200 Jahren als Getreidespeicher und als Gefangenenlager mißbraucht wurde.

Der Kölner Dom ist mehr als ein herausragendes Kunstwerk, mehr als eine gotische Kostbarkeit oder Orientierungspunkt in der Stadt. Der Dom ist zuerst Gottes Haus, nicht Kulturdenkmal. Die Kathedrale ist das Bild des zweiten Jerusalems der Erde, der Kirche, in der Gott das Heil wirkt. Dieser Dom hat zuallererst seinen religiösen Auftrag als Zeichen lebendigen Glaubens. Ohne Glauben bliebe er nur ein Ziel touristischer Bedürfnisse. Ein leeres religiöses Fossil.

Was Papst Johannes Paul II. zum Domfest 1980 in einem Grußwort sagte, gilt auch heute noch: „Der Dom ragt als steinernes Zeugnis des Glaubens empor über einer Stadt, die vom Geist und Leben unserer Zeit erfüllt ist. Es ist nicht mehr der Geist einer Gesellschaft, die bei aller Unvollkommenheit doch von der Einheit des Glaubens getragen war. Die Menschheit unserer Zeit wird von vielen Geistern und Interessen bewegt, die ihr eine Orientierung zu geben versuchen, die von der des Evangeliums abweicht. Die Folgen sind nicht zu übersehen: eine verbreitete Ziel- und Ratlosigkeit in der grundsätzlichen Frage nach dem Sinn und der Gestaltung des menschlichen Lebens. In dieser notvollen Lage ist das Zeugnis des Glaubens um so dringlicher gefordert. Es genügt nicht, die Glaubensdenkmäler früherer Zeiten wieder herzustellen und zu erhalten, vielmehr müssen wir die Mahnung des hl. Petrus befolgen, der uns in seinem ersten Brief sagt: Laßt euch als lebendige Steine zu einem geistigen Haus aufbauen." (1. Petrus 2,5)

Der Dichter Friedrich Hebbel schrieb im Jahr 1817 über die noch unvollendete Kathedrale: „Der Kölner Dom ist wie ein altes Buch, in das man sich erst hineinlesen muß." Herausgeber und Autoren dieses Buches wünschen, daß es helfen möge, sich in den Dom, in Gottes Gotisches Haus am Rhein, einzulesen. Dabei wissen Sie, daß noch viel mehr zu sagen wäre, als dies hier auf begrenztem Raum geschieht.

VON HIER GEHT GEISTLICHES LEBEN AUS

Der Dom ist die Pfarrkirche des Bistums

Was unterscheidet den Kölner Dom von den anderen schönen Kölner Stadtkirchen? Es ist nicht seine Größe, seine reine Gotik oder seine günstige Lage inmitten der Stadt, unübersehbar am Rhein gelegen. Der Dom bekommt seine Bedeutung, die ihn zum Gotteshaus außer Konkurrenz werden läßt, weil er die Kathedralkirche des Erzbischofs ist. Damit ist er die Mutterkirche aller anderen Kirchen im Erzbistum. Ursprünglich, ganz am Anfang des Christentums, stand jeder Gemeinde ein Bischof vor. Er war gleichzeitig auch im heutigen Sinne der Pastor der Gemeinde. Als das Christentum sich immer mehr durchsetzte, genügte nicht mehr eine einzige bischöfliche Gemeinde für eine Stadt, sondern man mußte nun neben der Bischofskirche auch noch andere Kirchen innerhalb der Stadt bauen. Dort vertrat dann ein Priester den Bischof. In der ersten Zeit dieser Entwicklung pflegte man noch den Brauch, daß der bischöfliche Gottesdienst in der Bischofskirche und in den anderen Kirchen der Stadt synchronisiert wurde, also zur gleichen Zeit feierte man die heilige Messe in der Bischofskirche und in den – heute würde man sagen – Pfarrkirchen, und die Diakone mußten bei der Brotbrechung ein Partikelchen von dem bischöflichen Gottesdienst in den der Pfarreien tragen und dort in den Kelch zum heiligen Blut dazu tun, damit die Einheit von Pfarrgemeinde und bischöflicher Gemeinde aufs Innigste gewahrt bleibt.
Später, als sich das Christentum von den Städten auch in die ländlichen Gegenden verbreitete, war eine Synchronisierung, also eine Zeitgleichheit, nicht mehr möglich, und man konnte darum auch nicht diesen tiefen theologischen Brauch der Überbringung des Partikelchens von der Hostie des Bischofs in die Pfarrkirche weiter pflegen. Davon ist heute nur noch die Nennung des Bischofs im Kanon der heiligen Messe übriggeblieben, aber die Wirklichkeit, die dahinter steht, ist nach wie vor auch heute gegeben. Der eigentliche Pastor im Erzbistum ist der Erzbischof

selbst. In seinem Auftrag und in seiner Sendung helfen ihm die Pastöre und Kapläne vor Ort, die Gemeinde des Herrn zu leiten und zu begleiten.

Die Bischofskirche ist nicht nur deshalb die erste im Bistum, weil sie die größte ist, sondern weil auch alles geistliche Leben von ihr ausgeht. Der Name „Kathedrale“ leitet sich ab von der Kathedra, d. h. dem Bischofssitz in der Domkirche. Von hier aus verkündet der Bischof den Glauben. Der erste und eigentliche Ort der Heiligen Schrift in der katholischen Kirche ist zunächst nicht die Hand des Glaubenden, die die Bibel hält, sondern der Ambo, der vor der Kathedra des Bischofs steht. Die Heilige Schrift ist durch und durch Buch der Kirche. In ihr entstanden und durch die Jahrhunderte durch sie überliefert, kann sie nur durch die Kirche selbst legitim ausgelegt werden. Die Heilige Schrift ist mit der Kirche verbunden, wie das ungeborene Kind im Mutterleib durch die Nabelschnur. Darum darf die Schrift nie von der Kirche abgeschnitten werden oder gar im Gegensatz zu ihr erklärt werden. Der einzelne Gläubige, der die Heilige Schrift in die Hand bekommt, empfängt sie gleichsam aus der Hand des Bischofs, indem die Bibelausgaben das bischöfliche Imprimatur, d. h. die bischöfliche Druckerlaubnis, tragen.

Von hier aus verfaßt der Bischof seine Hirtenbriefe an seine Diözese und schickt sie in alle Gemeinden, damit sie dort verlesen werden. Denn der Ambo in der Pfarrkirche ist nur ein Ableger des Ambos in der Kathedralkirche. Kein Pastor hat das Recht, dem Erzbischof den Ambo zu verweigern, indem er etwa einen Hirtenbrief nicht vorlesen würde. Das würde den Zusammenhang von Bischofskirche und Pfarrkirche, von Bischofsamt und Priesteramt zerstören. Die Ortskirche ist die Diözese, und nicht die Pfarrei. Die Pfarrei ist Kirche vor Ort, aber sie ist nicht die Ortskirche. Und als Ortskirche erst bekommt sie ihren Stellenwert in der Weltkirche, die hörbar wird bei jeder Eucharistiefeier, in der der Name des Papstes genannt wird.

Die Lehre geht also von der Kathedrale aus hinein in die Diözese. Aber auch alles sakramentale Leben nimmt seinen Ausgangspunkt in der Bischofskirche und verzweigt sich dann hinein in die Pfarrkirchen der Diözese. Die Priesterweihe und die Bischofsweihe werden grundsätzlich in der Bischofskirche gespendet. Von hier aus werden dann die Neupriester in die Gemeinden gesendet. Die Priester bilden zusammen mit dem Bischof das sogenannte Presbyterium der Diözese, dessen Haupt der

Bischof ist. Sie sind also eine Körperschaft oder besser gesagt eine Bruderschaft, für deren Wohl und Wehe der Bischof die Verantwortung zu tragen hat. Deshalb lädt der Bischof immer wieder die Priester zu gemeinsamen Feiern in die Kathedralkirche ein.
Neben den Weihehandlungen – Bischofs-, Priester- und Diakonenweihe – unterstreicht die jährliche Chrisammesse die Bedeutung der Bischofskirche. Sie wird in der Karwoche gefeiert. Den Tag kann der Bischof festlegen, von Montag nach Palmsonntag bis einschließlich Gründonnerstag. Hier werden die heiligen Öle geweiht, d. h. das Tauföl, das Krankenöl und der heilige Chrisam. Zu dieser heiligen Messe werden alle Priester eingeladen; in unserer Erzdiözese nehmen ca. 500 jährlich daran teil. Die Priester wurden bei ihrer Weihe mit dem heiligen Chrisam gesalbt, und bei der Chrisammesse kehren sie daher eigentlich zu ihrem Ursprung zurück. Darum erneuern die Priester dabei ihre Weiheversprechen, wie alle Christen in der Osternacht ihre Taufversprechen. Die Kirche lädt die Priester an diesem Tag ein, Rückkehr zur ersten Liebe zu halten. Der Bischof kann fast alle bischöflichen Handlungen an einen anderen Bischof delegieren, nur nicht die Chrisammesse. Im Mittelalter war darum der Ausdruck Diözese oder Chrisam austauschbar. Man findet alte Urkunden, in denen von Ereignissen im „Chrisam von Köln“ berichtet wird, damit ist immer gemeint die Erzdiözese Köln.
Es wird deutlich, daß die Kirche nicht eine Organisation ist, sondern ein Organismus. Die Priester sind untereinander geistlich sakramental verbunden durch den heiligen Chrisam und über ihn mit ihrem Bischof, aber dann auch mit den Gläubigen, die ja auch in Taufe und Firmung mit dem heiligen Chrisam gesalbt werden, und schließlich am Lebensende ist uns allen wieder die Krankensalbung gemeinsam. Die Kirche ist nicht ein riesiges Unternehmen, sondern eine Gnadengemeinschaft, die aus dem Tod und der Auferstehung des Herrn in den Sakramenten der Kirche lebt. Ich kenne eine Reihe von Priestern, die an ihrem Weihetag in die Domkirche kommen, um dort die heilige Messe zu feiern oder still zu beten, um sich daran zu erinnern: Vor Jahren hat Gottes Gnade mich hier für immer in Beschlag genommen. Du bist Priester in Ewigkeit.
Darüber hinaus ist die Bischofskirche der heilige Ort für alle größeren überpfarrlichen Gottesdienste. Zur Bischofskirche gehört auch das Domkapitel. Es ist eine Gebetsgemeinschaft, die den Bischof im Gebet für die Diözese unterstützen soll. Von der urapostolischen Gemeinde in

Jerusalem heißt es: „Sie hielten an der Lehre der Apostel fest und an der Gemeinschaft, am Brechen des Brotes und an den Gebeten“ (Apg 2,42). Das Verbleiben in der Lehre der Apostel ist im Ambo sichtbar, die Gemeinschaft im Brotbrechen im Altar, die Gemeinschaft der Gnade in den heiligen Ölen, aber die Gemeinschaft des Gebetes verdeutlicht das Chorgestühl. Eigentlich sollten die Domkapitulare das Beviergebet oder wenigstens Teile davon gemeinsam verrichten, um dem Bischof nicht nur Helfer in der Verwaltung der Diözese zu sein, sondern auch im Gebet.
Der Dom ist zuerst ein Haus des Gebetes, und der Bischof ist in erster Linie der Vorbeter seiner Diözese. Damit das Gotteslob auch würdig und vorbildlich in der Bischofskirche gefeiert werden kann, gibt es die verschiedensten Domchöre, die am Sonntag den Domdienst zu verrichten haben. „Dem Gotteslob darf nichts vorgezogen werden“, sagt der heilige Benedikt von Nursia für die Benediktinerklöster. Das Gleiche gilt aber auch für die Kathedrale eines Bischofs. Zum Ort des Gotteslobes paßt auch, daß die Domkirche Stätte der Buße sein soll. Ein Domkapitular ist offiziell vom Erzbischof als Bußkanoniker ernannt. Er hat dafür zu sorgen, daß das Sakrament der Versöhnung immer gespendet wird. Die Erfahrung sagt uns, daß wir das Bußsakrament in unseren Pfarreien fast verloren haben. Das ist traurig, und das muß sich auch wieder ändern. Aber Gott sei Dank sind uns einige typische Beichtkirchen erhalten geblieben, d. h. Gotteshäuser, in denen unsere Gläubigen noch relativ viel beichten und zwar nicht nur aus dem Bereich der Pfarrei, sondern aus der Stadt oder aus dem Bistum. Zu diesen Beichtkirchen gehört auch unsere Domkirche. Es ist für den Bischof ein besonderer Trost, daß hier viele Christen immer wieder die Versöhnung mit Gott und damit auch mit den Menschen finden.
Ein besonderer Anziehungspunkt für Glaubende und Nichtglaubende ist die Muttergottesfigur, oder wie wir sie im Dom auch nennen: „die Schmuckmadonna“, weil sie mit so vielen Schmuckstücken von den Gläubigen beschenkt wurde. Hier gehen die Andachtslichter den ganzen Tag nicht aus, und Gläubige wie Nichtgläubige verweilen im Gebet bzw. in stiller Besinnung vor dem Bildnis der Muttergottes. Die große Domkirche kann den Menschen das Gefühl der Verlorenheit vor Gott vermitteln, aber vor dem Marienaltar mit den vielen Blumen und Kerzen findet man sich im Hohen Dom wie zu Hause, und alle Fremdheit weicht einer wirklichen Vertrautheit.

Der Dom ist die eigentliche Pfarrkirche für das ganze Bistum. Wer aus einer anderen Pfarrei unserer Erzdiözese in den Dom geht, braucht sich vom Pfarrer nicht sagen zu lassen, daß er „fremd gegangen ist", sondern er bleibt im eigenen Haus des Gebetes. Das wird ganz besonders deutlich am Dreikönigsfest, obwohl es dann im Dom noch bitterkalt ist. Es kommen viele Gläubige aus nah und fern, so daß der Dom so voll ist wie sonst nie im Jahr. Wenn der Gottesdienst beendet ist, begegnet der Erzbischof auf der Domplatte vielen Menschen, die jährlich an diesem Tag zum Kölner Dom kommen, aber heute gar nicht mehr zum Erzbistum Köln gehören, sondern zum früheren Kölner Stiftsgebiet, so etwa die Sauerländer oder Menschen aus dem jetzigen Bistum Essen oder dem Bistum Aachen. Eine Diözese mit einer Domkirche lebt länger in den Herzen der Gläubigen durch Jahrhunderte und durch Generationen weiter, als man das oberflächlich wahrhaben will. Ebenfalls in den ersten Januartagen erfolgt in der Kölner Domkirche vom Dreikönigsschrein aus die Aussendung der Sternsinger in unsere Erzdiözese, manchmal jedoch auch in das ganze Bundesgebiet. Es gibt keinen geeigneteren Ort dafür als den Kölner Dom mit dem Schrein der Heiligen Drei Könige. Denn sie sind gleichsam die Vorläufer aller Sternsinger aller Zeiten und aller Orte.

Der Dom mit seinen beiden 157 Meter hohen Türmen ragt über unsere Stadt Köln weit hinaus. Von welcher Stadtseite man auch kommt, immer zeigen sich die beiden Domtürme dem Besucher und laden ihn ein, nach oben zu schauen in den Himmel. Sie sind gleichsam ein Stein gewordenes „sursum corda – Empor die Herzen". Der Mensch ist nicht berufen wie ein Maulwurf, die Erde zu durchwühlen, sondern gleichsam wie ein Adler, der Sonne Gottes entgegen zu fliegen. In einem der beiden Türme hängt der sogenannte „decke Pitter". Das ist die größte freischwingende Glocke der Welt. Sie wiegt 480 Zentner. Ihre Stimme ruft über die ganze Stadt und weit ins Land hinein ihre Botschaft von der Liebe Gottes, die sich niedergelassen hat in unserer Domkirche, wo das ewige Licht vor dem eucharistischen Herrn im Tabernakel Tag und Nacht brennt.

Zum ersten Mal habe ich den Kölner Dom im März 1945 auf einer grauen Postkarte in Thüringen gesehen. Als wir unsere schlesische Heimat verlassen mußten, wurden wir in eine Wohnung eines thüringischen Dorfes eingewiesen, in der schon eine bombengeschädigte Kölner Familie lebte. Sie hatten am Küchenschrank eine Postkarte vom Kölner Dom angeheftet und die Mutter erzählte uns immer wieder, wenn sie nur die Augen schließe, habe sie immer den Kölner Dom vor sich, und wenn es still werde, höre sie die herrlichen Domglocken von Köln läuten. Das gibt ihr hier in der Fremde das Gefühl, zu Hause zu sein. Wenn ich als Erzbischof von längeren Auslandsreisen zurückkomme und unsere Domtürme sehe, dann weiß ich, Gott sei Dank, du bist wieder zu Hause im Schatten der großen, schönen Kölner Kathedralkirche. Überall ist es schön in der Welt, aber am schönsten doch zu Hause. Leider kann ich auf kölsch nicht das Sehnsuchtslied der Kölner nach unserem Dom singen, wohl aber die Melodie und den Inhalt der Melodie zum Inhalt meines Herzens machen. Das sollte eigentlich jedem geschenkt sein, der zu unserer Erzdiözese Köln gehört.

„Wenn ich su an ming Heimat denke
un sin dr Dom su vör mir ston,
möch ich tirek op heim an schwenke,
ich möch zo Foß noh Kölle jon,
möch ich tirek op heim an schwenke,
ich möch zo Foß noh Kölle jon.“

† Joachim Kardinal Meisner

Kölns Erzbischof Kardinal Joachim Meisner vor seiner Bischofskirche, der gotischen Kathedrale am Rhein.

Gottes gotisches Haus am Rhein.

Blick durch das gotische Langhaus.

Der unbekannte Dom zwischen Gewölbe und Dach.

HYMNUS

Großer Gott, der Leben ist,
Leben liebt und Leben spendet,
dem gesetzt ist keine Frist,
den nicht Maß noch Raum ermißt,
laß der Weihe uns gedenken,
da dem Dom du wolltest schenken
deine Gegenwart.

Diese Liturgie aus Stein
singt dem Schöpfer Lobgesänge,
lädt auch heute Menschen ein,
selber Preis und Dank zu sein,
ihn zu loben, ihm zu singen,
ihm die Ehre darzubringen,
als sein Eigentum.

Dieses hohe Haus aus Stein
lobt den Eckstein Jesus Christus,
lädt auch heute Menschen ein,
Baustein seines Reichs zu sein,
neu sich formen, neu sich fassen,
auferbauen sich zu lassen
in ein Haus aus Geist.

Dieses große Fest aus Stein
preist des Heil'gen Geistes Wehen,
lädt auch heute Menschen ein,
selbst Begeisterte zu sein,
voller Wahrheit, voller Liebe,
mitten in der Welt Getriebe,
sein erwähltes Volk.

NICHT ALLE WUNDEN SIND VERHEILT

Die wechselvolle Baugeschichte der gotischen Kathedrale

Als die Kölner 1945 nach dem Ende des schrecklichen Krieges in ihre nahezu vollständig zerstörte Heimatstadt zurückkehrten, kam es ihnen fast wie ein Wunder vor: Einzig der Dom schien völlig unversehrt in der trostlosen Trümmerwüste zu stehen. Doch das war leider ein Irrtum. Keine der vielen Kölner Kirchen, auch wenn einige von ihnen völlig am Boden lagen, hat rein materiell solche Schäden erlitten wie der Dom. Doch in der gewaltigen Masse des Bauwerkes fielen sie auf den ersten Blick nicht auf. Erst wer genauer hinsah, bemerkte die schweren, teils unwiederbringlichen Verluste.

DIE MITTELALTERLICHE BAUZEIT

Doch auch vor dem Bombenhagel war der Dom keineswegs in einem völlig intakten Zustand. Den hat er eigentlich nie gehabt. Seit seinem ersten Tage, dem 15. August 1248, war er eine Baustelle, und er ist es bis heute geblieben. An jenem Tage waren wahrscheinlich schon die im Mai 1248 begonnenen 8,50 m tiefen Fundamente für den Kapellenkranz fertig. Erzbischof Konrad von Hochstaden legte am Tage der Himmelfahrt Mariens nach der feierlichen Messe den ersten Stein zur neuen Kathedrale. Etwa 100 Handwerker begannen unter der Leitung des Dombaumeisters Gerhard mit dem Bau der sieben Chorkapellen, von denen die drei mittleren spätestens um die Zeit des Todes von Erzbischof Konrad im Jahre 1261 fertig gewesen sein dürften. Um die gleiche Zeit starb auch Gerhard, und die Bauleitung ging an Meister Arnold I. über. Dieser konnte dem Domkapitel um 1265 den gesamten Chorumgang und die Seitenschiffe des Langchores für die gottesdienstliche Nutzung übergeben.
Danach wurde an den oberen Teilen des Chores weitergebaut, die um 1300 fertig waren. Nach Westen schloß man den 45 m hohen Raum durch eine riesige Wand ab. Nachdem die heute noch vorhandenen Glasgemäl-

de eingesetzt, das Chorgestühl aus Eichenholz aufgebaut und der Altar aus schwarzem und weißem Marmor errichtet war, konnte der Chor am 27. September 1322 geweiht und für die zahlreichen Gottesdienste des Domstiftes genutzt werden.
Als nächster Bauabschnitt folgten die südlichen Seitenschiffe des Langhauses, die allerdings nur bis zu drei Steinschichten oberhalb der Kapitelle aufgebaut und in 13,5 m Höhe mit provisorischen Dächern geschlossen wurden. Nach 1357 begann man mit dem Bau des Südturmes, und um 1375 konnte man die Figuren des Petersportals ausführen lassen. Ein großer Baukran aus Eichenholz, der am Boden zusammengebaut worden war und mit dem Bau hochwanderte, erleichterte die Arbeit. Er blieb auch stehen, als man den Turmbau um 1410 in etwa 55 m Höhe abbrach und sich den Seitenschiffen der Nordseite zuwandte. Auch hier errichtete man zunächst die Pfeiler bis in 13,5 m Höhe und deckte sie dort mit provisorischen Dächern ab. Doch die sechs westlichsten Joche erhielten richtige Gewölbe wie die Seitenschiffe des Chores. Zugleich versah man auch das Mittelschiff des Langhauses und des nördlichen Querhauses mit Notdächern, so daß um 1500 etwa 90 % der Grundfläche benutzbar waren. Danach arbeitete man langsam am Nordturm weiter, wo man heute noch die spätgotischen Formen bewundern kann. Doch im Jahre 1560 beschloß das Kapitel, den Dombau endgültig einzustellen.

STAGNATION UND VERFALL

Damit war zwar das Ende der Dombauhütte gekommen, aber die Arbeiten am Dom hörten nicht auf. Statt des Steinmetzen wurden nun Zimmermann und Dachdecker die führenden Handwerker am Dom, denn die höchst ungünstig gestalteten Dächer mit ihren komplizierten Entwässerungssystemen mußten gewartet und immer wieder repariert werden. Trotzdem mehrten sich die Schäden. Im 18. Jahrhundert mußten zahlreiche Fialen und Wimperge wegen Absturzgefahr heruntergenommen werden. Der einst vergoldete Dachreiter, früher der ganze Stolz des Domes, wurde 1744 abgetragen und durch ein barockes Türmchen ersetzt. Im Inneren versuchte man, den Blick in die offenen Dachstühle von Lang- und Querhaus durch Scheingewölbe aus Fichtenbrettern zu verdecken und dem gesamten Innenraum durch eine weiße Tünche ein freundlicheres Aussehen zu verleihen. Besonders im Chor hatte der

Drang zur Modernisierung fatale Auswirkungen, denn um den an sich sehr qualitätvollen Entwurf zur Barockisierung durchführen zu können, wurde das wunderbare Sakramentshaus aus dem frühen 16. Jahrhundert, ein einzigartiges Meisterwerk der Steinmetzkunst, zusammen mit einem umfangreichen Figurenzyklus des 13. Jahrhunderts gnadenlos zerstört. Die schlimmste Heimsuchung aber stand noch bevor. Als französische Truppen 1794 die Stadt Köln besetzten, flohen der Erzbischof und das Domkapitel auf die rechte Rheinseite. Der Gottesdienst im Dom wurde eingestellt, der Bau als Futtermagazin für die Militärpferde, ja als Gefangenenlager mißbraucht. Dabei wurden weitere wertvolle Teile der Ausstattung gestohlen oder verheizt. Zum Glück wurde der Dom 1803 bei der Neuregelung der kirchlichen Organisation zu einer der vier Hauptpfarrkirchen erhoben, was wahrscheinlich den völligen Abbruch verhinderte. Waren bis 1794 wenigstens Dächer und Rinnen in Ordnung gehalten worden, so unterblieb dies danach fast völlig. Überall drang Wasser in das Innere, der Frost sprengte das Mauerwerk auf, die Strebebögen begannen zusammenzubrechen und mußten mit Holzstangen und Eisendraht zusammengehalten werden. Denn Geldmittel für das Bauwerk wurden, wenn überhaupt, nur auf Antrag an die völlig verarmte Stadt bewilligt. An Pflege oder gar Reparaturen war unter diesen Umständen nicht zu denken. Die einzige größere Aktion war der Abbruch der barocken Dachreiter im Jahre 1812.

DIE MOTIVE DES WEITERBAUES: RELIGION, KUNST UND VATERLAND

Doch gerade um diese Zeit regten sich auch erste Stimmen zur Erhaltung und zum Weiterbau. Vor allem Sulpiz Boisserée wurde nicht müde, die hohe Bedeutung des Domes als einzigartiges Architekturkunstwerk herauszustellen. Josef Görres dagegen sah im Dom ein Symbol für das untergegangene Deutsche Reich, das es wiederherzustellen gelte und wofür die Vollendung des Baues als Gemeinschaftswerk aller Deutschen ein Symbol sein solle. Doch auch aus kirchlichen Kreisen wurden Stimmen laut, den Dom als Zentrum des neu erwachten katholischen Glaubenslebens weiterzubauen, vor allem nachdem im Jahre 1821 durch einen Vertrag zwischen dem Papst und dem König von Preußen, zu dessen Staatsgebiet Köln seit 1815 gehörte, das Erzbistum Köln wiederhergestellt worden war. Dabei hatte sich der preußische Staat verpflichtet, für die Bau-

unterhaltung der Bischofskirche aufzukommen. Dies führte im Jahre 1823 zur Neugründung der Dombauhütte, die sofort ihre Arbeit aufnahm und mit der Restaurierung des bereits stark verwitterten Strebewerkes am Chor begann.
Die Oberaufsicht lag bei dem preußischen Baudirektor Friedrich Schinkel, der bereits nach seiner ersten Inspektion im Jahre 1816 den Weiterbau gefordert hatte. Im Jahre 1833 sandte er den hochbegabten jungen Architekten Ernst Friedrich Zwirner als Dombaumeister nach Köln und ließ ihn verbindliche Pläne für die Vollendung des Domes ausarbeiten.

DIE VOLLENDUNG DES DOMES

Im Jahre 1841 neigten sich die Reparaturarbeiten dem Ende zu, und die Zeit für den Weiterbau schien gekommen. Der neue König Friedrich Wilhelm IV. sagte massive Hilfe zu, und der soeben gegründete Dombauverein versprach ebenfalls für die notwendigen Mittel zu sorgen. So konnten am 4. September 1842 Erzbischof Johannes von Geissel und der König gemeinsam den Grundstein zum Weiterbau legen.
Bereits 1848 war der Innenraum bis über das Triforium vollendet, 1863 schließlich konnten Lang- und Querhaus gewölbt und die Trennwand zwischen Chor und Vierung beseitigt werden. Dann ging es an die Vollendung der Türme. 1868 hatte der Nordturm die Höhe des Südturmes erreicht, und der 500 Jahre alte Kran konnte abgetragen werden. 1880 schließlich feierte man mit großem Aufwand die Vollendung des Domes. Das heißt aber nicht, daß die Kathedrale damals wirklich fertig war. Drei Jahre dauerte der Abbau der 165 m hohen Turmgerüste. Es folgte der Neubau des Chordaches und sämtlicher Seitenschiffdächer. Danach waren erneut Reparaturen am Strebewerk notwendig. Auch die Domumgebung blieb jahrzehntelang eine riesige Baustelle, denn fast die gesamte Bebauung wurde nach einem neuen Plan ersetzt. Auch die den ganzen Südplatz bedeckenden Werkstätten der Dombauhütte mußten beseitigt und die Flächen in Gartenanlagen umgewandelt werden. Kaum waren diese fertig, wurde 1908 an der Nordseite eine neue Dombauhütte erbaut. Als schließlich die Domumgebung um 1912 ihren Endzustand erreicht hatte, war die Südseite des Chores bereits wieder hinter einem riesigen Holzgerüst verschwunden.

Der Erste Weltkrieg unterbrach die gerade erst begonnenen Arbeiten, und auch nach 1918 konnte aus Geldmangel nicht viel geleistet werden. Es dauerte bis 1925, bis sich die verschiedenen Institutionen auf ein gemeinsames Vorgehen geeinigt und eine gesicherte Finanzierung beschlossen hatten. Sofort begann man mit der Erneuerung des Chor-Strebewerkes, doch schon bald setzte die Wirtschaftskrise ein, und das Geld wurde wieder knapp. Unter der NS-Herrschaft wurden nicht nur die Mittel weiter gekürzt, sondern sogar die für den Dom bereitliegenden Werksteine für Parteibauten in Nürnberg beschlagnahmt. Dennoch wurde bis in das erste Kriegsjahr 1940 weitergebaut.

Dann aber galt der Einsatz der wenigen am Dom verbliebenen Werkleute hauptsächlich dem Schutz des Bauwerkes und seiner Kunstschätze vor den Zerstörungen des Bombenkrieges. Die Glasgemälde wurden zu großen Teilen ausgebaut, die Chorschranken, Altäre und Bischofsgräber mit Ziegelmauerwerk umgeben, die Chorpfeilerfiguren und das Petersportal mit Holz verschalt. Während der Angriffe waren auf allen Dächern Mitarbeiter der Dombauhütte stationiert, die einschlagende Brandbomben sofort löschten. Immer häufiger schlugen schwere Sprengbomben ein und rissen ganze Teile des Bauwerkes hinweg. Von den 22 Hochschiffgewölben stürzten zwölf ein, das Westfenster wurde total zerstört, der Nordgiebel brach zu Boden. Aus einem Strebepfeiler der Westfassade wurden 80 Kubikmeter Mauerwerk herausgesprengt. Die 10 m hohe Lücke wurde sofort mit 27.500 Ziegelsteinen geschlossen, um einen Einsturz des gesamten Turmes zu verhindern. Insgesamt 14 schwere Bomben und eine große Anzahl von Artilleriegranaten hatten die Kathedrale getroffen, die ein grausiges Bild der Zerstörung bot, trotz des weitgehend unversehrten Umrisses.

Im März 1945 wurde Willy Weyres zum neuen Dombaumeister ernannt. Bereits am 13. April, also noch vor der Beendigung des Krieges, begann er mit den Wiederaufbauarbeiten, die er realistisch auf zehn Jahre schätzte. Doch Erzbischof Kardinal Frings wollte nicht so lange warten. Er ordnete an, bis zur 700-Jahr-Feier der Grundsteinlegung wenigstens einen Teil des Domes wieder für den Gottesdienst zu öffnen. Weyres entschied sich für den weniger stark geschädigten Chor, in dem dann am 15. August 1948 das erste Hochamt als Höhepunkt des berühmten Dombaufestes

stattfinden konnte. Die Westteile blieben durch eine 45 m hohe Wand abgetrennt.
Nach dem Fest gingen die Arbeiten mit stark verminderter Intensität weiter, so daß das Ziel, den Innenraum binnen zehn Jahren wieder benutzbar zu machen, kaum mehr erreichbar schien. Wieder war es ein Fest, das den Weiterbau beflügelte, nämlich der 77. Deutsche Katholikentag, für den bis zum 29. August 1956 auch das Langhaus wiederhergestellt wurde.

DIE IMMERWÄHRENDE BAUSTELLE

Jahr für Jahr bemühte sich seitdem die Dombauhütte, die Kriegsschäden zu beseitigen und die Kathedrale in allen Teilen zu vollenden. Zunächst wurden natürlich die gefährlichsten, dann die auffälligsten Stellen erneuert. Die meiste Arbeit verursachte das schwer getroffene nördliche Querhaus, bei dem zu den Kriegsschäden noch besonders hohe Verluste durch Verwitterung kamen. Erst im Jahre 1997 konnte hier ein Ende der Wiederherstellung erreicht werden.
Doch noch immer sind nicht alle Wunden verheilt. Die große Ziegelflickung am Nordturm ist erst in ihrem untersten Bereich wieder mit der originalen Außenschale versehen, an der Nordseite des Langhauses fehlen noch eine Maßwerkbrüstung und sechs Wasserspeier, im Strebewerk noch unzählige Fialen. Auch an den Türmen, die scheinbar so unaufhaltsam in den Himmel ragen, ist noch viel zu tun. Vierzehn der vierundzwanzig Riesenfialen, die die Turmhelme umstehen, sind zu ersetzen, dazu etwa 300 kleinere. Alle Dübel aus Eisen müssen herausgenommen und durch Verbinder aus rostfreiem Stahl ersetzt werden, die 32 Engel in 88 m Höhe müssen abgenommen, restauriert, gefestigt und wieder aufgestellt werden. Am Strebewerk der Langhaus-Südseite sind umfangreiche Reparaturen fällig, das Chorstrebewerk, erst 1925–1940 restauriert, ist wieder im Verfall begriffen und kann nur durch einen schützenden Anstrich gerettet werden. An vielen Stellen sind kleinere Schäden zu beheben, sind Brüstungen zu reparieren und Wasserspeier zu ergänzen. Nahezu die gesamten Dächer der Seitenschiffe, über 5000 Quadratmeter, müssen erneuert werden. Die Gesimse an den Chorkapellen bedürfen einer sicheren Abdeckung mit Blei. Die Glasmalereien brauchen weiter Pflege und Restaurierung. Noch immer sind nicht alle im Kriege ausgebauten Scheiben wieder eingesetzt, über 60 Heiligengestalten des Ober-

gadens von Lang- und Querhaus liegen, teilweise beschädigt, noch in Kisten verpackt auf Lager und warten auf ihren Wiedereinbau. Manches Fenster hat noch seine Notverglasung aus der frühen Nachkriegszeit, die nicht nur unmöglich aussieht, sondern auch kaum noch Schutz vor Wassereinbruch bietet. Ohne Mühe ließe sich diese Liste noch lange fortsetzen.

So wird der Dom auch in absehbarer Zukunft nicht ohne eine Bauhütte und ohne Restauratoren auskommen. In den nächsten Jahrzehnten wird niemals der Zustand eintreten, daß man überhaupt keine Gerüste mehr sieht. Das bedeutet aber auch, daß die Kathedrale auch in Zukunft ständig Hilfe braucht, denn sie hat keine eigenen Einnahmen und ist auf dauernde Unterstützung von außen angewiesen. Diese aber wird nur dann gewährt, wenn in der gesamten Öffentlichkeit die Erhaltung des Domes als ein Anliegen anerkannt wird, das über alle Nützlichkeitserwägungen hinaus Förderung verdient. Hieran mitzuwirken ist jeder aufgerufen.

NACH 700 JAHREN

Von Leid und Wunden starrt das ganze Land rundum,
Zertrümmert liegt die Stadt, die türmereiche,
Schutthalden sind die Gräber, grau und stumm,
Daß nie mehr ganz hier das Entsetzen weiche.

Doch mitten in dem Trümmerfelde hebt
Der Dom noch immer seiner Türme Finger,
Im toten Land das einzige Haus, das lebt
Und noch um keine Herrlichkeit geringer.

Und starrt Entsetzen rings aus allen Mauern,
Die nur die Spuren noch der einstigen Bauten,
Hier steht wie Trost in dem allmächtigen Trauern
Das Haus des Herrn, wie es die Väter schauten.

Hier wandelt sich das Grauen in Vertrauen.
Der Himmel eint sich der geprüften Erde.
Es blieb von all dem vielen kühnen Bauen
Hier diese kühnste machtvolle Gebärde.

Dies Haus, das die Jahrhunderte verbindet,
In der nun hart geschlagenen Stadt am Strom,
Das nun wie nichts sich ihr als Sinnbild kündet:
In Untergang und Tod der Gottesdom.

34 STUFEN ABWÄRTS

Die Vorgängerkirchen des Doms

Eine Bischofskirche gibt es in Köln nicht erst seit 750 Jahren. Schließlich hatte Erzbischof Konrad I. von Hochstaden 1238 bereits als 33. Metropolit den Thron bestiegen, bevor er ein Jahrzehnt danach den Grundstein zur neuen Kathedrale legte. Kurz vor 800 war Hildebold, der Hofkaplan Karls des Großen, zum ersten Träger dieses Titels avanciert, nachdem er hier schon einige Jahre als Bischof gewirkt hatte. Und in dieser Eigenschaft war er wiederum der 21. in einer nur bruchstückhaft überlieferten Reihe, die nach heutiger Kenntnis im Jahre 313 mit dem hl. Maternus einsetzte. Schon damals, als Köln noch *Colonia Claudia Ara Agrippinensium* hieß und zum Reich des römischen Kaisers Konstantin des Großen gehörte, muß es aber einen bestimmten Ort gegeben haben, an dem sich Bischof und Gemeinde zum Gottesdienst versammelten.

Wie der entsprechende Raum aussah und wo genau er lag, ist unbekannt. Es war vermutlich kein eigenständiges Gebäude, weil sich ein kanonischer Kirchenbau noch nicht formiert hatte. Man versammelte sich in Privathäusern, und das macht eine Identifizierung so schwierig, weil wir für diese Zeit nur mit sehr viel Glück eine solche „Hauskirche“ erkennen könnten. Es ist zwar sicher, daß sich in diesem Rahmen auch ein Taufort *(Baptisterium)* befunden haben muß, doch kann dafür zunächst jedes der in Privatgärten zahlreichen profanen Wasserbecken genutzt worden sein.

Neben Maternus sind für das 4. Jahrhundert mit Euphrates (vor 344–346?) und dem hl. Severin (um 397) nur noch zwei weitere Bischöfe für Köln genannt, bis dann in der Liste eine unüberbrückbare Lücke von mehr als eineinhalb Jahrhunderten klafft. Angesichts dieser dürftigen Quellenlage mutet es wie ein kleines Wunder an, daß aus derselben Zeit der erste eindeutige und positive Beweis für das Vorhandensein einer christlichen Versammlungsstätte vorliegt, noch dazu von eher unerwarteter Seite. Ganz beiläufig im Zuge der Schilderung einer dramatischen Episode aus der politischen Geschichte des Jahres 355 erwähnt der römische Historiker Ammianus Marcellinus als Augenzeuge(!) den „Versammlungsort der christlichen Gemeinde“ *(conventiculum ritus Christiani)* in Köln. Übrigens: Ammianus hing noch dem traditionellen römischen Götterglauben an und hatte deshalb keinen Grund, einen solchen Ort etwa zu Propagandazwecken zu erfinden. Den Umständen der Geschichte entsprechend muß sich dieses *conventiculum* im näheren Umkreis des Statthalterpalastes, des *Praetoriums* unter dem heutigen Rathaus, befunden haben. Ob es sich dabei um den einzigen christlichen Versammlungsraum in der Stadt handelte – und damit zwangsläufig auch um die „Bischofskirche“ –, ist eine Frage, die uns Ammianus natürlich nicht beantworten kann; doch es gibt zunächst keine Veranlassung, in dieser frühen Zeit mit mehr als einer Örtlichkeit zu rechnen. Auch die stadtkölnische Archäologie hat dazu bisher keine Hinweise geben können.

Dann schweigen die Quellen bis in das 6. Jahrhundert hinein. So kann zunächst nicht einmal ein Ortswechsel ausgeschlossen werden. Danach aber sind wir nicht mehr nur auf die zufällig entdeckten und sehr spärlichen Schriftquellen angewiesen. Denn so, wie man sich im benachbarten Rathaus „mit dem Fahrstuhl in die Römerzeit“ begeben kann, so steigt man im Dom über 15 Stufen im Langhaus oder über 16 oder 26 Stufen im Chor und östlich vor dem Dom über 33 oder 34 Stufen auf eine tiefere Ebene, auf der uns die Vorgeschichte dieser Kathedrale in Form von Mauerbefunden und Fußböden sehr handgreiflich vor Augen geführt wird. Auch unter dem Dom haben archäologische Ausgrabungen den Bebauungsablauf und die Geschichte dieses Platzes zutage gefördert. Initiator und Träger dieser Untersuchungen ist das Kölner Domkapitel, das in seiner Sitzung am 22. Oktober 1945 dazu den Beschluß faßte, zu dem es sich auch der Zustimmung des Erzbischofs Kardinal Joseph Frings versicherte. Ohne größere Unterbrechungen sind die Forschungsarbeiten bis in unsere Tage fortgesetzt worden. In diesen fünfzig Jahren wurde unter dem Fußboden der gotischen Kathedrale eine Fläche von 3.200 m^2 untersucht. Außerdem wurde das unmittelbare Umfeld einbezogen, wobei besondere Bemühungen dem Bereich östlich vom Dom, heute Domherrenfriedhof und Dombauhütte, galten.

Hier war bereits in den sechziger Jahren des vorigen Jahrhunderts der älteste eindeutige Nachweis der christlichen Nutzung dieses Platzes freigelegt worden, und zwar in Form eines gemauerten Taufbeckens *(piscina),* das in einem ebenfalls ergrabenen, eigenen Baptisterium lag. Diese Kölner Taufkirche wurde mit einer Reihe von vergleichbaren Bauten im nördlichen Mittelmeerraum, aber auch in England und in Deutschland (z. B. in Boppard) offenbar im 6., spätestens im 7. Jahrhundert errichtet.

Dieses Taufbecken birgt noch ein nur teilweise gelüftetes Geheimnis unter sich: Es steht – leicht versetzt – auf einem älteren Becken in Form eines regelmäßigen Achtecks. Solche oktogonalen Piszinen sind als profane Zierbecken in römischen Gärten durchaus bekannt und stellen weder etwas Besonderes dar, noch sind sie auf einen engeren Zeitraum datierbar. Hier wurde aber die eindeutig zweckbestimmte Taufpiszine planmäßig unmittelbar über einem Vorgänger errichtet, dessen Zweck nicht näher eingegrenzt werden kann. Das läßt natürlich auch die Möglichkeit offen, daß es sich dabei um den bereits erwähnten Fall eines ursprünglichen Gartenbeckens handelt, das in späterer Zeit einen Funktionswandel erfahren hat. Und das älteste datierbare Beispiel einer achteckigen Taufpiszine – gleich mit dieser Bestimmung errichtet; S. Giovanni alle fonti in Mailand – entstand vor 386, so daß damit unser Befund, so ungeklärt er auch bleibt, immerhin die vage Möglichkeit eines Brückenschlags in das späte 4. Jahrhundert in sich birgt. Es sei jedoch daran erinnert, daß eine Taufanlage aus der Zeit des Maternus nicht nachgewiesen ist.

Zu einem Baptisterium gehörte eine Gemeindekirche, die nur von Getauften betreten werden durfte. Davon ist unter dem Chor des Domes als ältester Bauteil das Fundament einer Kanzel *(ambo)* mit dem anschließenden Rest der östlich davor liegenden Schranke zum Altarraum *(presbyterium)* erhalten. Dieser Ambo ist in seiner charakteristischen Form eindeutig als Innenarchitektur einer Kirche anzusprechen. Seine Datierung ist unmittelbar verknüpft mit zwei um 537±10 angelegten Bestattungen einer fränkischen Königin(?) und eines etwa sechsjährigen Prinzen, die hier 1959 entdeckt wurden, denn der Ambo ist über die östliche Hälfte des Knabengrabes hinweg geführt und damit eindeutig jünger als dieses. Da die beiden Gräber bei diesen Bauarbeiten aber unberührt blieben, obwohl Grabraub in fränkischer Zeit ein fast alltägliches Vergehen war, muß es allerdings offen bleiben, nach welcher Zeitspanne eine rücksichtslose Überbauung des Knabengrabes vorstellbar ist. Hat man dieses bewußt so getan, wäre eine Entstehung des Ambos bereits kurze Zeit nach der Grablegung denkbar, also etwa in den Jahren 530–550; andernfalls müßten die Bestattungen erst in Vergessenheit geraten sein, was dann eine Datierung vor dem Jahre 600 wohl kaum zulassen würde.

Selbstverständlich muß dieser Ambo nicht zur Erstausstattung der Kirche gehört haben. Dann wären die beiden Gräber, wie auch noch weitere zeitgleiche, in einer Kirche angelegt worden, was nach unserer heutigen Einschätzung nicht auszuschließen ist. Ein gut vergleichbarer Befund ist aus Saint-Denis in Paris bekannt. In jedem Fall ist aber die Verbindung dieser Kirche mit einem Lobgedicht des Venantius Fortunatus unzulässig, auch wenn sie vielfach postuliert wird. Fortunatus besingt bei seinem Aufenthalt in Köln im Jahre 565 die Verdienste des sonst nicht überlieferten Bischofs Carentinus – vielleicht die in einem Punkt fehlgeschriebene und im übrigen poetisch freie Umsetzung des in anderem Zusammenhang genannten Geistlichen Clarentius. Der oberitalienische Literat erwähnt dabei ganz allgemein Kirchen in Köln *(aurea templa),* und wenn er sich auf einen ganz bestimmten Bau bezieht, dann allenfalls auf St. Gereon, wofür sich in Köln nach dem Zeugnis Gregors von Tours der Beiname „zu den goldenen Heiligen“ *(ad sanctos aureos)* eingebürgert hatte.

Dagegen ist der erste Beleg für das Petruspatrozinium in Köln sehr gut einzuordnen. Er stammt aus der Zeit des hl. Kunibert (Bischof vor 628 – nach 647). In einer Urkunde bestätigte der austrasische Unterkönig Sigibert III. (633–656) eine Schenkung „an die Kölner Kirche des hl. Petrus“. Aus dem Zusammenhang läßt sich mit einiger Wahrscheinlichkeit erschließen, daß damit nicht irgendeine, sondern die Bischofskirche gemeint war.

In dem Bau unter dem Dom wurde wohl unter der Herrschaft des ersten karolingischen Königs Pippin III. (751–768) der Ambo abgebrochen und an seiner Stelle eine Sängertribüne *(schola cantorum)* errichtet. Dieser Umbau ist offenbar mit der Einführung des gregorianischen Gesangs zu erklären, die zwischen 754 und 767 anzusetzen ist. Eine letzte große Baumaßnahme fiel in die erste Hälfte des 9. Jahrhunderts, und gleichzeitig oder früher wurde die Gesamtlänge der Anlage wesentlich nach Westen erweitert. Spätestens jetzt wurde auch eine Westapsis eingezogen, so daß eine doppelchörige Anlage entstand. Besonders auffällig ist das westlich

vorgelagerte Atrium, das von einem überdachten Gang umschlossen wurde, der an beiden Enden gegen die Westmauer der Kirche geführt war. Diese sehr ungewöhnliche Form ist mit einem Kirchengrundriß zu vergleichen, der uns in einem Original aus der ersten Hälfte des 9. Jahrhunderts als „Klosterplan von St. Gallen“ überliefert ist.
Schriftquellen aus der Zeit um 800 und aus dem bzw. zum Jahre 857 sind offensichtlich auf diesen Bau zu beziehen; sie belegen das Patronat des hl. Petrus, kennzeichnen das Gotteshaus als Bischofskirche und legen auch im Text eine Doppelchoranlage nahe. Damit ist aber nicht nur dieser Dom identifiziert, sondern es wird auch die Kontinuität des Patroziniums bis in die Zeit Kuniberts zurückverfolgt und – jetzt kann man es sagen – offenbar auch gleichzeitig die der Hauptkirche des Bistums. Eine solche Konstanz des Bau- und des Altarplatzes war gewiß zu erwarten, da schließlich die Kirche während der gesamten Zeit unter den aus der Antike ererbten Institutionen die wohl zuverlässigste Trägerin von Kontinuität gewesen ist; doch erst mit diesem Gleichklang archäologischer Befunde und historischer Nachrichten erscheint die Zuordnung der Bauten unter dem Kölner Dom hinreichend gesichert.
Das letzte Kapitel dieser Vorgängerkirchen wurde nach der Mitte des 9. Jahrhunderts im wahren Wortsinn eingeläutet. In einem unmittelbar nach dem Ereignis verfaßten Brief beschreibt der damalige Kölner Erzbischof Gunther (850–863/66) ein Unwetter vom 15. September 857, bei dem sich das Volk unter Glockengeläut in seiner Not im Dom versammelte. Ein mächtiger Blitz schlug ein und traf drei Personen an verschiedenen Orten in der Kirche tödlich, sechs weitere wurden verletzt. Mag es nun eine Notwendigkeit nach diesem Schadensfall oder doch nur eine Folge der Prunksucht dieses Bischofs gewesen sein, wie sie der Verfasser der Xantener Annalen besonders getadelt hat – unter Gunther kam es spätestens am Anfang der sechziger Jahre des 9. Jahrhunderts zu einem Neubau der Bischofskirche, der dann bereits während der Bauarbeiten in gotischer Zeit als der „Alte Dom“ in die Literatur einging. Dieser Alte Dom wurde am 27. September des Jahres 870 oder vielleicht eher 873 – die Fuldaer Annalen sind in ihrer Jahresangabe nicht eindeutig – unter Erzbischof Willibert (870–889) geweiht.
Die Überreste dieses mächtigen, 95 m langen und 41,5 m breiten Baues sind heute in der Ausgrabungsfläche unter der Kathedrale in weiten Teilen freigelegt und erforscht. Sie bezeugen eindrucksvoll ein so einheit-

liches Grundkonzept, das schon allein deshalb eine längere Bauzeit mit Beteiligung mehrerer Bauherren und verschiedener Architekten, wie sie früher einmal angenommen wurde, ausgeschlossen erscheint. Diese Grundform war auch noch am Ende der 375 Jahre dauernden, wechselvollen Geschichte mit verschiedenen Anbauten im 10. und 11. Jahrhundert erkennbar, als ab 1248 diese Kirche Stück für Stück dem *novum summum,* wie es in den ältesten Quellen heißt, der neuen höchsten Kirche der Erzdiözese weichen mußte.

Dabei war das Ende des Alten Domes schon Jahrzehnte vorher absehbar. 1164 hatte der Erzbischof Reinald von Dassel (1159–1167), der gleichzeitig Erzkanzler für den Reichsteil Italien war, die Gebeine der Hl. Drei Könige von Mailand nach Köln bringen lassen. Nachdem für diesen außerordentlichen Reliquienschatz zunächst der heute noch als Höhepunkt der Goldschmiedekunst bewunderte Schrein entstanden war, mußte es folgerichtig erscheinen, auch die äußere Hülle für diesen Schrein zu erneuern. Schließlich hatte Köln mit den Gebeinen der ersten Gekrönten, die dem Weltenherrscher Christus gehuldigt hatten, nach Frankfurt als Wahl- und Aachen als Krönungsort nun den jeweiligen neuen König als Gast zu erwarten. Diesem Anspruch und den enormen Pilgerscharen verdankt das Erzbistum noch einmal einen Bedeutungszuwachs, die Stadt Köln aber einen in der Geschichte fast beispiellosen Zugewinn an Wirtschaftskraft im Spätmittelalter.

DER LANGE WEG VON BETLEHEM NACH KÖLN

Über die Geschichte der Dreikönigsreliquien

Mit eigenartiger Kriegsbeute betritt Reinald von Dassel, Erzbischof von Köln und Kanzler des Heiligen Römischen Reiches, am 23. Juli des Jahres 1164 nach jahrelanger Abwesenheit wieder seine Bischofsstadt. Das Geläut der Glocken schwingt über Stadt und Strom, während Menschen an der kleinen Pforte bei Maria im Kapitol zusammenströmen, um ihn und die Reliquien der Heiligen Drei Könige ehrenvoll zu empfangen. Mit einem Brief vom 11. Juni 1164 hatte Reinald vom italienischen Vercelli aus „dem Klerus und den Bürgern der lieben Stadt Köln in wohlerzogener Dienstbeflissenheit und der Fülle innigster Liebe“ mitgeteilt, er bringe solche Gaben heim, daß sie mit nichts auf Erden verglichen werden könnten. Nun formiert die begeisterte Menge sich zur Prozession und begleitet die kostbaren Reliquien in die Stadt, wo sie im Sankt-Peters-Dom beigesetzt werden.

Lang ist der Weg der sterblichen Überreste der drei heiligen Männer von Jerusalem und Betlehem über Konstantinopel nach Mailand bis endlich nach Köln, wo sie später in einem goldenen Schrein im Hochchor ruhen werden. Das kleine Tor, durch das sie zum erstenmal auf kölnischen Boden gebracht wurden, heißt bis auf den heutigen Tag „Dreikönigenpförtchen“.

1164 ist Erzbischof Reinald am Ziel seiner Wünsche. Keine Stadt in deutschen Landen kann sich fortan mit Köln messen, was den Reichtum und die Kostbarkeit der Reliquien innerhalb der Stadtmauern angeht. Aachen und Trier sind übertroffen. Die aus dem Kriegszug gegen Mailand mitgebrachten Dreikönigsreliquien werden später das Siegel der Stadt bestimmen.Unter ihren drei Kronen entwickelt sich die freie Stadt Köln zu einem der bedeutendsten Wallfahrtsorte der Christenheit.

Außer den wenigen Sätzen im 2. Kapitel beim Evangelisten Matthäus, mit denen er die Anbetung des Jesuskindes durch Magier aus dem Osten beschreibt, findet sich in der Bibel kein weiteres Wort über diese Männer. Wie aber kommen ihre Gebeine nach Mailand und von dort nach Köln? Mehr als ein Jahrtausend nach der Erwähnung der Magier im Matthäusevangelium werden ihre Gebeine als die der Heiligen Drei Könige in einer kleinen Kirche außerhalb der Stadtmauern Mailands 1158 geborgen. Aus Furcht vor den heranrückenden Truppen Kaiser Friedrich I. Barbarossas bringt man sie ins Stadtinnere. Eine zeitgenössische Chronik des Abtes Robert von Saint Michel berichtet darüber. Die von ihm erwähnte „capella" ist leicht als die frühchristliche Kirche Sant Eustorgio auszumachen. Nach einer anonymen Vita Beati Eustorgii Confessoris, das ist die „Lebensgeschichte des heiligen Bekenners Eustorgius", lebte der heilige Eustorgius vor der Amtszeit des heiligen Ambrosius (374–397) in der Nähe seiner Geburtsstadt Konstantinopel. Er stammte aus einem adeligen griechischen Geschlecht, war hochgebildet und weitgereist. Als er eines Tages Mailand besucht, wird er wegen seiner vortrefflichen Eigenschaften vom Volk einmütig zum Bischof gewählt. Eustorgius macht aber seine Zustimmung von der Billigung des Kaisers abhängig. Der begrüßt seine Wahl und schenkt Eustorgius auf dessen Bitte hin die von der Kaiserin Helena gesammelten und in einem marmornen Sarg aufbewahrten Gebeine der Heiligen Drei Könige. Als Eustorgius, so erzählt die Geschichte weiter, schließlich in Mailand blieb, erbaute er eine ansehnliche Kirche nahe bei einer Quelle und setzte in dieser Kirche die Gebeine bei.

Was ist an diesen und ähnlichen Berichten historisch wahr? Es bleiben viele Ungereimtheiten. Zudem führt die Mailänder Bischofsliste zwei Bischöfe unter dem Namen Eustorgius auf. Bemerkenswert ist, daß Ambrosius seinen zweiten Amtsvorgänger Eustorgius zwar nennt, aber sich völlig über Dreikönigsreliquien und deren Herkunft ausschweigt. In Köln, wo später am nachdrücklichsten nach der Herkunft der Reliquien gefragt wird, gibt es schon bald nach 1164 schriftliche Aufzeichnungen über Auffindung und Herkunft. Darunter ist eine aus Sankt Pantaleon, die in einer Ergänzung zur Lebensbeschreibung des Heiligen Barnabas auch Notizen über die Heiligen Magier und Könige macht. Danach hat die Kaiserin Helena, bewährt als Entdeckerin und Sammlerin von Reliquien, die Gebeine im Orient gefunden und in Konstantinopel vereinigt. Und davor? Die Spur verliert sich. Es sei, man schenkt einem vagen Hinweis Glauben, der von Reiseführern im Jemen gegeben wird. Von ihnen

wird die Ortschaft Azzan als die verlorengegangene Lokalität mit dem lateinischen Namen Sessania Adrumentorim identifiziert, wo das Gemeinschaftsgrab der heiligen Könige gewesen sei. Ein wunderbarer Ort im alten Weihrauchland. Nichts anderes als eine schön erzählte Vermutung wie jene alten Legenden, wonach die Magier sogar vom Apostel Thomas getauft und zu Bischöfen geweiht worden seien?
Spätestens seit dem frühen Mittelalter waren diese Geschichten von der gemeinschaftlichen Missionierung des Ostens durch den heiligen Thomas und den Drei Königen in ganz Europa geläufig. Vor allem bezog man sich dabei auf eine lateinisch geschriebene Homilie, die angeblich vom heiligen Johannes Chrysostomus im 4. Jahrhundert stamme und in der es heißt: „Doch nach ihrer Rückkehr verehrten und priesen sie weiter Gott noch eifriger als anfangs und predigten allen in ihrer Art und unterwiesen viele. Als schließlich nach der Auferstehung des Herrn der Apostel Thomas in jene Provinz kam, schlossen sie sich ihm an, ließen sich von ihm taufen und wurden zu Helfern in seiner Predigt gemacht."
Diese Geschichte und ähnliche Legenden, besonders jene des Johannes von Hildesheim und des Caesarius von Heisterbach, vermochten in Köln das Bedürfnis, die Übertragung der Gebeine ausführlich zu erzählen, zu befriedigen. Das bezeugen auch die Malereien über dem Chorgestühl im Kölner Dom. Einzelheiten der dort abgebildeten sieben Dreikönigsbilder (entstanden in der ersten Hälfte des 14. Jahrhunderts) lassen Verbindungen zu diesen Legenden erkennen. Interessant sind die Darstellungen ab dem dritten Feld. Sie zeigen, wie Thomas die Könige zu Bischöfen weiht, dann ihre spätere Bestattung in einem Sarkophag und schließlich in den Schlußbildern die dreifache Translation: durch Helena nach Konstantinopel, durch Eustorgius nach Mailand und durch Reinald nach Köln.
Die Chorschrankenbilder weisen einige bemerkenswerte Details auf. Reinald trägt auf dem Bild von der Ankunft der Reliquien 1164 in Köln Mitra und Bischofsstab. Eigentlich dürften ihm diese Attribute gar nicht beigegeben werden. Zwar war er im Juni 1159 zum Erzbischof von Köln gewählt worden, empfing aber erst am 29. Mai 1165 in Würzburg die Priesterweihe und einige Monate später im Beisein Kaiser Barbarossas in Köln die Bischofsweihe. Nachdenklich stimmt auch die Bekleidung des heiligen Thomas, der in ganz bürgerlicher Aufmachung, wie in einem anderen Bild zu sehen ist, die drei Könige zu Bischöfen weiht. Diese wiederum tragen Bischofsgewänder, Stab und Mitra. Überraschend, daß sie

bei der Darstellung ihres Begräbnisses in einem gemeinsamen Sarg mit Bischofsgewändern bekleidet sind aber Königskronen auf dem Kopf tragen. Ein Hinweis darauf, daß sie ihre Länder auch weiterhin in weltlichen und geistlichen Dingen geleitet haben?
Zurück nach Mailand. Etwas sicherer wird der historische Quellenbefund für die spätere Existenz der Gebeine in dieser Stadt. In einer dichterischen Lobrede zu Ehren des heiligen Eustorgius vom Beginn des 7. Jahrhunderts ist von einem großen Sarkophag die Rede, der dazu bestimmt war, die Gebeine aufzunehmen. Um diesen Sarkophag ranken sich Legenden. Er sei das Geschenk eines Imperators aus Konstantinopel gewesen, der die heilige Fracht, von Kühen gezogen, nach Mailand bringen ließ. Unterwegs habe ein Wolf eine Kuh angefallen und gefressen, sich dann aber auf Gebot des heiligen Eustorgius selbst ins Geschirr gelegt. Hinweise auf ein entsprechendes Dreikönigsfest im kirchlichen Kalender und den liturgischen Büchern Mailands fehlen nicht.
Schließlich kommt es im Jahr 1162 unter dem deutschen Kaiser Friedrich Barbarossa zur Zerstörung Mailands. Bei seinem Versuch, die kaiserliche Macht in Italien und gegen den Papst zu stärken, war er schon bald mit der Stadt Mailand aneinandergeraten. Die mächtigste Stadt Oberitaliens wurde belagert, bis sie sich am 1. März 1162 auf Gnade und Ungnade ergab. Reinald von Dassel half seinem Kaiser, Mailand gründlich dem Erdboden gleichzumachen.
Der Mann aus dem westfälischen Geschlecht der Gafen von Dassel war im Jahr 1159 zum Erzbischof von Köln gewählt worden. Seit 1156 bereits Kanzler des Reiches, war er kein unbeschriebenes Blatt. Ein zeitgenössischer Abt kritisierte ihn als einen Mann, der „sein vergängliches Fleisch mit griechischer Seide und russischen Pelzen schmückte“. In seiner Führungsposition beim Kaiser war er in politische Auseinandersetzungen verstrickt. Er billigte, was die „Kölner Königschronik“ über das Schicksal der eroberten Stadt Mailand berichtet: „Der Kaiser befahl, die einzelnen Tore der Stadt und den Graben und die Mauern um die Tore niederzulegen, damit bei jedem Tore die einzelnen Heeresabteilungen in breiter Front und in gleichem Schritt einziehen könnten ... die ganze Stadt wurde dem Verfall und der Verwüstung preisgegeben.“
Den Verlust ihrer Reliquien hält ein Mailänder Chronist in seinem „Libellus tristitiae et doloris“ („Büchlein der Trauer und des Schmerzes“)

fest: „Am elften Tag dieses Monats Juni 1164) nahm der Kanzler Rainaldus die Leiber der heiligen Märtyrer Narbor und Felix und, wie man sagte, des heiligen Bekenners Martinus und drei andere Leiber, die in einem Sarg beigesetzt waren, der in der Kirche des heiligen Eustorgius steht, von denen man sagte, daß es die drei Weisen (magi) seien, und brachte sie nach Köln."

Ob man die Kirche einer zerstörten Stadt ihrer Heiligtümer berauben dürfe, darüber haben sich weder der Kaiser noch Reinald Gedanken gemacht. Aus der riesigen Beute erbat sich der Kölner die Dreikönigsreliquien als Lohn für seine Dienste. Was nach Bescheidenheit aussah, war in Wirklichkeit hohe Politik. Die ersten bekehrten Heiden galten als Urbilder des christlichen Königtums. Wer diese Reliquien besaß, konnte das Königtum von Gottes Gnaden vergeben, denn diese drei Männer hatten Christus von Angesicht zu Angesicht gesehen. Sie hatten Christus Tribut gezollt, der hatte ihn angenommen und sie damit als höchste Autorität in ihrem Amt bestätigt. Damals dachte man jedenfalls so. Der Erzbischof von Köln konnte als einer der sieben Kurfürsten den König wählen. Der Besitz der Reliquien verlieh ihm noch mehr Macht und entscheidenden Einfluß auf die Königswahl.

Der Papst scheint das geahnt zu haben, wie sonst wäre seine Aufforderung an den Bischof von Reims zu verstehen, seinem Bischofskollegen auf dem Weg zur rheinischen Metropole diese Reliquien wieder abzunehmen. Es könne sich die größten Verdienste im Himmel erwerben, gab der Papst wörtlich bekannt, wer „jenen kaiserlichen Kanzler Reinald, dieses Haupt und den Urheber der Wirren" gefangen setze. Der Plan schlug fehl. Ein deutlicher Hinweis darauf, wie geschickt und unter Verwischung von Spuren Reinald die Heimreise nach Köln antrat. Wahrscheinlich wandte sich Reinhald zuerst Burgund zu. Dann marschierte er mit der kostbaren Fracht in eiligen Tag- und Nachtmärschen nach Norden. Es wird berichtet, daß den Zugtieren die Eisen verkehrt angeschlagen wurden, um die Späher zu täuschen. Ein andermal wurde der Zug als die Überführung von Deutschen, die in Italien gefallen waren, ausgegeben.

Vienne ist die letzte historisch nachweisbare Zwischenstation der Translation (Überführung) der Reliquien nach Köln. Von hier aus scheint Reinald durch Hochburgund und dann den Rhein hinab nach Köln gezogen zu sein. Für diese Route spricht, daß in allen dreizehn Zisterzienserkirchen Burgunds und in vielen größeren Kirchen der Provinz Altäre und Kapellen zu Ehren der Drei Könige geweiht sind. Besonders um Besançon gibt es eine auffallende Belegdichte von Zeugnissen des Dreikönigskultes.

Es wird erzählt, daß Reinald bei Breisach den Rhein erreichte. Wegen der Gastfreundschaft der Bürger soll er ihnen beim Abschied die Reliquien der Heiligen Gervasius und Protasius geschenkt haben. Umstritten ist, ob der Kölner Erzbischof auf seiner Heimreise Station im Doppelkloster Schönau und in Mainz eingelegt hat. Ausführlich erzählt jedenfalls die Sage, wie die Schiffe bei Remagen plötzlich still am Ufer standen und sich erst wieder flußabwärts bewegen ließen, als Reinald nach umständlichem Ein- und Ausladen die Reliquien des heiligen Appolinaris zurückließ. Mit den Dreikönigsreliquien und den Gebeinen der beiden um 300 in Lodi ermordeten afrikanischen Soldaten Felix und Narbor kam der Zug am 23. Juli 1164 in Köln an.

Immer wieder sind Zweifel an der Echtheit der Reliquien laut geworden. Zu diesen Fragen gehört ein Befund, der bei der Eröffnung des Dreikönigenschreines im 19. Jahrhundert festgestellt, aber erst in unserem Jahrhundert untersucht wurde. Damals hat man aus der Umhüllung der Reliquien einige Stoffreste sichergestellt. Nach seriösen Analysen sind diese schön gewebten Seidendamaste mit eingewebten Gold- und purpurgefärbten Wollfäden in den beiden ersten Jahrhunderten wahrscheinlich in Syrien hergestellt worden. Sie gehören zur Gruppe der kostbaren „Palmyragewebe". Ende der siebziger Jahre fand sich in Rappoltsweiler (Elsaß) in der Sakristei der Pfarrkirche St. Georg ein ganz ähnliches Stück Gewebe. Auf einem dazugehörigen Zettel wurde es als Dreikönigsreliquie bezeichnet. Moderne Untersuchungsmethoden weisen dieses Fragment ebenfalls den Palmyrageweben zu. Vielleicht stammt es tatsächlich von dem Kölner Tuch und ist mit dem Weg Reinalds und der Dreikönigsreliquien in Zusammenhang zu bringen.

Als die Kölner Domherren Anfang des 14. Jahrhunderts den Auftrag zur Chorschrankenmalerei gaben, war es ihr „Loblied" auf den neuen Dom und seine Reliquien. Endlos wurde in den kommenden Jahren die Zahl der Pilger. Mit den Reliquien der Heiligen Drei Könige kam ein „unermeßlicher Strom" von ideellen und materiellen Gütern an den Rhein. Könige und Grafen machten mächtige Schenkungen. König Otto IV., der am 6. Januar 1200 in Köln einen Hoftag abhielt, weihte drei goldene Kronen. Weihegaben von Kaiser Maximilian oder von Karl V. wetteiferten in ihrer Pracht mit anderen Geschenken. Sogar in ihren Testamenten gedachten Kölner Bürger der Heiligen Könige. Schließlich wurde in der Stadt der Beschluß gefaßt, daß niemals mehr auch nicht der kleinste Teil der Gebeine über die Grenzen der Stadt verschleppt werden dürfe. Bann und Fluch wurden angedroht für diese Freveltat. Der Aufstieg Kölns ist mit dem Einzug der Drei Könige verknüpft. Sie machten Köln zu einem Mittelpunkt der Welt.

WERKLEUTE SIND WIR

Werkleute sind wir, Knappen, Jünger, Meister,
Und bauen dich, du hohes Mittelschiff.
Und manchmal kommt ein ernster Hergereister.
Geht wie ein Glanz durch unsere hundert Geister
Und zeigt uns zitternd einen neuen Griff.

Wir steigen in die wiegenden Gerüste,
In unsern Händen hängt der Hammer schwer,
Bis eine Stunde uns die Stirnen küßte,
Die strahlend und als ob sie alles wüßte
Von dir kommt wie der Wind vom Meer.

Dann ist ein Hallen von den vielen Hämmern,
Und durch die Berge geht es Stoß um Stoß.
Erst wenn es dunkelt, lassen wir dich los,
Und deine kommenden Konturen dämmern.
Gott, du bist groß!

DREI KÖNIGE
MAGIER – WEISE – ODER STERNDEUTER?
Einige exegetische Anmerkungen zum Matthäusevangelium

Nicht selten suchen Menschen in der Bibel nur Geschichte, historische Episoden oder Augenzeugenberichte, und sie übersehen dabei die eigentliche Botschaft der Texte. Damit tun sie den biblischen Schriftstellern Unrecht. Die wollen nicht bloß sagen, was einst war. Sie deuten sowohl ihre Zeit und das, was geschehen ist, wie auch die Überlieferungen ihres Volkes. Wer sie verstehen will, muß weg von der Vorstellung, die Bibel sei nur ein Geschichtsbuch. Selbst wenn man in ihr viele Stellen findet, wo sie auch historisch recht hat.

Dennoch – es gibt von einigen Ereignissen, die für den Glauben wichtig sind, weder Tatsachenberichte noch Dokumentationen. Dazu gehört auch das zweite Kapitel im Matthäusevangelium, die sogenannte „Dreikönigsperikope", mit der vom Autor nicht die detailgetreue Abfolge eines historischen Geschehens vorgelegt wird, sondern vielmehr die religiöse und heilsgeschichtliche Bedeutung dessen, was er schreibt:

„Als Jesus zur Zeit des Königs Herodes in Betlehem in Judäa geboren worden war, kamen Sterndeuter aus dem Osten nach Jerusalem und fragten: Wo ist der neugeborene König der Juden? Wir haben seinen Stern aufgehen sehen und sind gekommen, um ihm zu huldigen. Als der König Herodes das hörte, erschrak er und mit ihm ganz Jerusalem. Er ließ alle Hohenpriester und Schriftgelehrten des Volkes zusammenkommen und erkundigte sich bei ihnen, wo der Messias geboren werden solle. Sie antworteten ihm: In Betlehem in Judäa, denn so steht es beim Propheten:

Du, Betlehem im Gebiet von Juda, bist keineswegs die unbedeutendste unter den führenden Städten von Juda; denn aus dir wird ein Fürst hervorgehen, der Hirt meines Volkes Israel.

Danach rief Herodes die Sterndeuter heimlich zu sich und ließ sich von ihnen genau sagen, wann der Stern erschienen sei. Dann schickte er sie nach Betlehem und sagte: Geht und forscht sorgfältig nach, wo das Kind ist; und wenn ihr es gefunden habt, berichtet mir, damit auch ich hingehe und ihm huldige. Nach diesen Worten des Königs machten sie sich auf den Weg. Und der Stern, den sie hatten aufgehen sehen, zog vor ihnen her bis zu jenem Ort, wo das Kind war, dort blieb er stehen. Als sie den Stern sahen, wurden sie von sehr großer Freude erfüllt. Sie gingen in das Haus und sahen das Kind und Maria, seine Mutter; da fielen sie nieder und huldigten ihm. Dann holten sie ihre Schätze hervor und brachten ihm Gold, Weihrauch und Myrrhe als Gaben dar."

Manches an diesem „Bericht" ist durchaus glaubhaft. Weise Männer, Magier, die in den Sternen lesen konnten, lebten damals vor allem im „Morgenland", im Gebiet von Euphrat und Tigris. Die Person des Herodes ist gut gezeichnet. Aus Angst um seinen Thron konnte er durchaus zum Mörder werden. Es ist historisch verbürgt, daß er aus Eifersucht in der eigenen Familie unter anderen seine Lieblingsfrau Mariamne, seinen Schwager Aristobul und drei seiner Söhne hatte umbringen lassen.

Über den Stern läßt sich nichts Genaues in Erfahrung bringen. Ein Komet, wie er sich in den volkstümlichen Krippendarstellungen findet, wäre von allen gesehen worden. Aus der Astronomiegeschichte wissen wir, daß die Sterne damals sehr sorgfältig beobachtet wurden. Nach einem Sternkalender aus Sippar am Euphrat wurde für das Jahr 7 vor Christus eine seltene Sternkonstellation erwartet. Der Text dieser Tafel liegt, abgeschrieben auf einem ägyptischen Papyrus aus dem Jahr 42 nach Christus, im Pariser Louvre. Man kannte damals bereits die auffallende Konjunktion von Jupiter und Saturn im Sternbild der Fische. Den Astrologen galt Jupiter als Stern des Herrschers der Endzeit, Saturn war in der hellenistischen Sterndeutung der Stern Israels und das Sternbild der Fische stand für das Westland. In einer Keilschrifttafel (veröffentlicht von H. C. Rawlinson) heißt es „und wenn das geschieht, dann wird ein großer König im Westen aufstehen, dann wird Gerechtigkeit, Friede und Freude in allen Landen herrschen und alle Völker beglücken".

Hat Matthäus das alles im Auge, wenn er vom Stern schreibt, vom Kommen der Sterndeuter aus dem Osten und ihrer Verehrung des Kindes in Betlehem? Wir müssen tiefer sehen und mit den Augen des Evangelisten und der frühen Kirche diesen Text lesen. Nach Meinung aller Bibelfachleute hat der Jude Matthäus sein Evangelium so geschrieben, daß es sich vor allem an seine jüdischen Landsleute wendet, um ihnen Hinweise

zu geben, daß Jesus aus Nazareth der verheißene und erhoffte Messias ist.
So kann die Reise der Magier oder Sterndeuter, wie sie bei ihm heißen, durchaus alttestamentliche Motive zur Grundlage haben. Er erinnert seine Leser an die Stelle des Propheten Jesaja (60,1-6) „Die Herrlichkeit des Herrn strahlt auf über dir – Völker strömen zu deinem Licht, und Könige zu dem Glanz, der über dir aufstrahlt". Seine Zeitgenossen kannten den oft gebeteten Psalm 72: „Die Könige von Tarschich und von den Inseln bringen Geschenke ... Alle Könige müssen ihm huldigen." Weder über die Zahl, noch über die Namen, weder über die Heimat noch die Hautfarbe oder die Lebensalter der Männer sagt Matthäus etwas aus. Das alles wird erst viel später, etwa ab dem 5. Jahrhundert, vom frommen Glauben immer farbiger und reichhaltiger ausgeschmückt.
Matthäus will etwas anderes erreichen. Er stellt die Frage, wie Menschen auf das Wort reagieren, das Gott mit der Geburt Jesu in die Welt hineinspricht. Israel steht für den biblischen Schriftsteller in der Sternstunde seiner Geschichte. Gott ist treu. Er löst sein Versprechen ein. Aber – und darauf kommt es Matthäus an – in dieser entscheidenden Stunde findet Israel nicht den Weg zu seinem Herrn. Es versagt einschließlich des Königs an der Spitze. Die erste Berufung und Chance der Auserwählung wird gleichsam verspielt. Das ist die theologische Tendenz, die im Matthäusevangelium nicht zu übersehen ist: der Messias stammt aus dem Haus und Geschlecht Abrahams und Davids. Aber er wird von Anfang an in seinem Volk nicht angenommen.
Matthäus läßt die Magier, als sie in Jerusalem ankommen, fragen: „Wo ist der neugeborene König der Juden?" Ein seltener Titel für Jesus, der zu Mißverständnissen Anlaß gibt und bei Matthäus nur noch in der Passionsgeschichte auftaucht, als Pilatus fragt „Bist du der König der Juden?" Der ganze Spannungsbogen des Evangeliums wird sichtbar. Herodes und mit ihm ganz Jerusalem erschrecken, als die Magier sich dort erkundigen. Immer wenn im Alten oder Neuen Testament sich die Nähe Gottes ankündigt, erschrecken die Menschen. Sie ahnen, worum es jetzt geht und daß alles nicht mehr so bleiben kann, wie vorher.
Es fällt auf: der Stern hat die Fremden nicht direkt nach Betlehem geführt. Sie müssen sich in Jerusalem, beim auserwählten Volk Gottes erkundigen. „Das Heil kommt von den Juden" notiert später Johannes in seinem Evangelium (4,22). Ohne lange zu überlegen, bestätigen nach

Matthäus die Schriftgelehrten und Hohenpriester als die damaligen theologischen Fachleute das, was auch dem Volk aus dem Propheten Micha geläufig war: Der Messias wird in Betlehem geboren. Doch keiner von ihnen geht den Weg nach Betlehem. Wie so oft im menschlichen Leben wird der Unterschied zwischen Wissen und Tun offenkundig. Chancen werden verpaßt.
Die Sterndeuter machen sich allein auf den Weg. Der führt sie von Jerusalem weg, an Israel vorbei zum Kind. Zum Messias. Gott selbst führt sie. Matthäus schildert dann den eigentlichen Höhepunkt seiner Erzählung, wie die Suchenden das Kind finden und huldigend vor ihm die Knie beugen. Die Szene wird zum Andachtsbild. Das wirre Suchen und Fragen der Menschheitsgeschichte hat ein Ende. Die Fülle der Zeit ist da. Selbst die griechischen Wörter, die Matthäus braucht, um das „niederfallen und huldigen" auszudrücken, sind bezeichnend, denn sie wurden damals verwendet, um die Verehrung oder Anbetung des höchsten Gottkaisers auszudrücken. Vielsagend auch die mitgebrachten Schätze: Gold ist das Kaisergeschenk, Weihrauch das Zeichen für göttliche Verehrung und Myrrhe wurde gebraucht bei der Königssalbung.
Der Evangelist Matthäus liefert nicht Geschichte im modernen Sinn mit kontrollierbaren Einzelheiten, sondern er will seine Leser und Hörer hineinverwickeln in das, was sich einmal ereignet hat und sie immerzu noch angeht. Auch den Menschen von heute. Ob es nun drei oder fünf oder sieben Magier, Sterndeuter oder gar Könige waren, wie es die spätere Frömmigkeit haben möchte – sie gehören zum Evangelium. Sie von der Krippe wegholen würde bedeuten, das zu unterschlagen, was für den Evangelisten wichtig ist. Es ist eine Geschichte von der Sehnsucht der Menschen nach Heil.
Im zweiten Kapitel des Matthäusevangeliums kommt die Lebensfrage aller Menschen aller Zeiten zur Sprache. Im Grund stehen wir selbst mitten in dieser Geschichte, die erzählt, daß Gott am Werk ist, um Menschen heilzumachen und heimzuholen. Was werden wir tun?

VIER KÖNIGE AM DREIKÖNIGENSCHREIN

30 Jahre dauerte die Arbeit am kostbaren Goldschmiedewerk

Im 12. und 13. Jahrhundert entstand im Rhein-Maas-Gebiet eine unvergleichliche Reihe kostbarer Reliquienschreine mit dem Dreikönigenschrein im Kölner Dom an der Spitze. Trotz der gewaltigen Verluste an mittelalterlicher Goldschmiedekunst zeigt die große Anzahl überkommener Großreliquiare, daß das Erzbistum Köln eine führende Stellung in der Herstellung dieser besonderen Form von Reliquienbehältnissen einnahm. Die Gründe dafür sind vielfältig. Sicher spielte eine wichtige Rolle, daß die Region ein ökonomisches und politisches Zentrum war mit Köln als Mittelpunkt. Gleichzeitig gibt es aber, außer Rom, keinen anderen Ort in dieser Zeit, in dem eine solche Fülle von Heiligenleibern aufbewahrt wurde. Die Heiligen galten als Beschützer der Stadt, sie versammelten sich, wie eine Illustration in der 1499 erschienenen „Cronica van der hilliger Stat van Coellen“ zeigt, auf der Stadtmauer, um feindliche Belagerer abzuwehren.

Anführer der Schar der Stadtpatrone sind die Heiligen Drei Könige, unter deren Schutz, wie man glaubte, im Jahre 1288 die Schlacht von Worringen gewonnen wurde und deren Kronen seit dieser Zeit bis heute Hauptbestandteil des Kölner Stadtwappens sind.

Die Bedeutung der Dreikönigsreliquien geht jedoch weit über diesen lokalgeschichtlichen Aspekt hinaus. Die Erwerbung der Gebeine durch Erzbischof Reinald von Dassel als Geschenk Kaiser Friedrich Barbarossas zum Dank für die Hilfe bei der Eroberung Mailands im Jahre 1162 und ihre Ankunft in Köln am 23 Juli 1164, markiert einen kirchengeschichtlichen, politischen und künstlerischen Wendepunkt von europäischer Bedeutung.

Zwar besaß der Kölner Dom auch schon vorher bedeutende und hochverehrte Reliquien: das Haupt des Papstes Sylvester, Stab und Ketten Petri, doch erst mit den Gebeinen der seit frühchristlicher Zeit hochverehrten und in zahllosen Kunstwerken dargestellten Magier konnte sich

Köln mit den großen Wallfahrtsstätten der Christenheit Rom, Jerusalem, Santiago de Compostela und Aachen messen.
Die Bedeutung, die die Heiligen Drei Könige für die deutschen Könige hatten, bezeugt die Szene der Anbetung an der Stirnseite des Schreines. König Otto IV wird hinter den Heiligen Drei Königen gleichsam als vierter König dargestellt. Die Aussage dieses Stifterbildes ist klar: Der irdische Herrscher bezieht seine Macht von Christus, er ist, wie es in den mittelalterlichen Krönungstexten heißt, der „vicarius Christi". Gleichzeitig stellt er sich in die Nachfolge der Heiligen Drei Könige und unterstreicht so die Rechtmäßigkeit seines Königtums.
Auch die Kölner Erzbischöfe, die das Krönungsrecht für die deutschen Könige innehatten, beriefen sich auf den Besitz der Dreikönigsreliquien. Den Gebeinen der Könige war damit der Rang von „Staatsreliquien" zugewachsen, vergleichbar der Dornenkrone Christi, die König Ludwig der Heilige in Konstantinopel erworben hatte und die als Unterpfand der göttlichen Herkunft des französischen Königtums in der Sainte Chapelle in Paris aufbewahrt wurde.
So verwundert es nicht, daß im Jahre 1248, dem Jahr der Vollendung der Pariser Palastkapelle, in Köln der Bau einer gotischen Kathedrale begonnen wurde, die vollkommen mit der Tradition des romanischen Kirchenbaus brach und in den Dimensionen, dem künstlerischen Anspruch, vor allem aber der inhaltlichen Vielschichtigkeit alles übertraf, was bis dahin an Kathedralen in Frankreich errichtet worden war.
Die Architektur des neuen gotischen Domes sollte nicht nur dem Rang Kölns als einer der bedeutendsten Wallfahrtsstätten der Christenheit gerecht werden, sondern auch die enge Verbindung der Kölner Kathedrale zum deutschen Königtum zum Ausdruck bringen.
Sichtbares Zeichen der zentralen Bedeutung der Dreikönigsreliquien war der geplante Aufstellungsort in der Vierung des gotischen Domes, ein Platz, der, soweit wir wissen, bis zu diesem Zeitpunkt noch nie für die Präsentation eines Reliquienschreines genutzt worden war.
Die Heiligen Drei Könige, der wichtigste Reliquienschatz der Kölner Kirche, hätten so das optische aber auch inhaltliche Zentrum des neuen gotischen Domes gebildet.
So waren die Reliquien der Drei Könige sicher der wichtigste Grund, den ehrwürdigen, seit 400 Jahren bestehenden Alten Kölner Dom durch einen Neubau zu ersetzen, wie es auch in dem Ablaßbrief zum Ausdruck

kommt, den Papst Innozenz IV. am 21. Mai 1248 ausstellte: „Da aber unser ehrwürdiger Bruder, der Erzbischof, und die geliebten Söhne, das Kölner Kapitel, diese Kirche, in welcher die Körper der hl. drei Könige ruhen, durch einen prächtigen Bau zu erneuern wünschen ...".
Der enge Zusammenhang zwischen den Reliquien und dem Neubau wäre noch klarer zum Ausdruck gekommen, hätte Erzbischof Engelbert (1216–1225) den durch seine Ermordung vereitelten Plan verwirklichen können, eine neue Kathedrale in Köln zu errichten: In seiner Regierungszeit wurde, wie die Stilanalyse erweist, der Dreikönigenschrein vollendet und ein besserer Anlaß, dem Hauptheiltum des Kölner Domes eine würdige Umgebung zu schaffen, läßt sich kaum denken.
Die Vollendung, war, obwohl die Quellen dazu schweigen, sicher ein herausragendes Ereignis in der Geschichte der Kölner Kirche.
Rund 30 Jahre wurde an dem gewaltigen Goldschmiedewerk gearbeitet. Schon in den Dimensionen, aber auch in der Kostbarkeit des Materials, vor allem aber im künstlerischen und inhaltlichen Anspruch übertrifft der Dreikönigenschrein alle anderen aus mittelalterlicher Zeit erhaltenen Reliquienbehältnisse.
Nach der letzten Restaurierung (1961–1973) – der Schrein war 1807 um ein Joch verkürzt worden – bietet er sich heute wieder in der Gestalt nach seiner Fertigstellung im 13. Jahrhundert dar.
Der Schrein hat basilikalen Aufbau. An der Rückseite wird jedoch deutlich, daß nicht das Abbild eines Kirchengebäudes gemeint ist, sondern daß über zwei Reliquienschreine im traditionellen Sinne ein dritter gestellt ist. An den unteres Langseiten sind unter Kleeblattarkarden 12 Propheten des Alten Testamentes dargestellt, in ihrer Mitte jeweils die Könige David und Salomon. In den Zwickeln darüber waren ehemals Büsten von Tugenden angebracht. Die Vorderseite ist der Epiphanie Christi gewidmet. In der Mitte thront die Gottesmutter Maria, der sich von links die Heiligen Drei Könige nähern. Als vierter König ist Otto IV. zugefügt worden. Die rechte Kleeblattarkarde wird von der Szene der Taufe Christi eingenommen, deren Gedächtnis zusammen mit dem Dreikönigentag am 6. Januar gefeiert wird. Noch auf dem Pilgerblatt des Petrus Schonemann von 1671 sind in den Zwickeln über den Kleeblattbögen vier Kronen zu sehen. Darüber sitzt eine abnehmbare Trapezplatte, deren heutige Gestalt zwei Restaurierungen zu verdanken ist. Ursprünglich zeigte sie drei große antike geschnittene Steine, von denen die beiden äußeren, eine

Krönung Neros, Mars und Venus, heute noch vorhanden sind. Der mittlere, der heute im Kunsthistorischen Museum zu Wien aufbewahrte Ptolemäerkameo, wurde 1574 gestohlen. Vielleicht unmittelbar danach wurde der noch vorhandene Goldtopas eingesetzt.
In den Ecken knien zwei Engel. Möglicherweise um 1730 wurde die Trapezplatte wiederum erneuert, wobei die Engel verschwanden. Erhalten blieb jedoch ein die Trapezplatte nach unten abschließender durchbrochener Fries, der in Rankenmedaillons Jagdszenen zeigt. Wie die Randgestaltung und die mittlere Aussparung für den Ptolemäerkameo zeigt, gehörte der Fries von Anfang an zur Trapezplatte. Die Jagdszenen, darunter ein Löwenkopf, eine Saujagd, Tierkämpfe und kämpfende Reiter, weisen keinen inhaltlichen Bezug zum Schrein auf.
Das Untergeschoß der Rückseite zeigt in der Mitte den Propheten Jesaja, seitlich die Geißelung und die Kreuzigung Christi. Über der Geißelung sind in Rundnischen in der Mitte die Personifikation der Geduld (paciencia) und zwei trauernde Engel angebracht, an der entsprechenden Stelle über der Kreuzigung Sol und Luna und ein Engel mit dem Kreuztitulus. Die christologischen Themen der Vorder- und der Rückseite standen ursprünglich nicht allein. In insgesamt 18 Rundmedaillons auf den unteren Dachschrägen befand sich ein Christuszyklus, der aber wohl schon im 16. Jahrhundert nicht mehr vollständig war. Die Reste gingen nach 1794, nach der Flüchtung des Schreines vor den französischen Revolutionstruppen, unter.
Im Obergeschoß des Schreines sind an den beiden Langseiten die thronenden Apostel dargestellt, als Attribut tragen sie Architekturmodelle, die die von ihnen begründeten Ortskirchen symbolisieren. In den Zwickeln zwischen den Arkaden sind weibliche Halbfiguren dargestellt, die abwechselnd eine Krone und eine Kugel tragen. Die Dachflächen schmückten achtzehn Darstellungen zur Apokalypse, die ebenfalls nach 1794 verlorengingen. In Ergänzung der apokalyptischen Szenen zeigt die vordere Giebelwand Christus als Weltenrichter, der von zwei stehenden Engeln mit Kelch und Patene und einer Krone begleitet ist. Die Dreiviertelkreisnischen darüber sind mit Halbfiguren der Erzengel Gabriel und Raphael mit den „arma Christi" gefüllt, der mittlere Michael ist verloren und durch einen Topas ersetzt.
An der Giebelwand der Rückseite überreicht der gekrönte Christus den beiden Märtyrern Felix und Nabob, deren Reliquien ebenfalls von

Reinald aus Mailand nach Köln übertragen wurden und die im Schrein ruhen, die Märtyrerkrone. Der Märtyrer Gregor von Spoleto, dessen Reliquien von Erzbischof Bruno schon im 10. Jahrhundert nach Köln gebracht und die ebenso in den Schrein gelegt wurden, ist nicht dargestellt. Das Zwickelfeld zwischen Unter- und Obergeschoß zeigt die Halbfigur des Rainald von Dassel als Stifter der Reliquien.
Das Bildprogramm greift weit über das der vorher entstandenen Reliquienschreine hinaus. Wichtigstes Thema ist nicht die Geschichte der in dem Behälter geborgenen Heiligen, sondern die gesamte Heilsgeschichte vom Beginn des Alten Testamentes bis zur endzeitlichen Wiederkehr Christi. Das die Heilsgeschichte in aufeinander bezogene Epochen unterteilende Prinzip der Typologie ist an den Langseiten Thema. Die Propheten des Alten Testamentes werden als Voraussetzung der Apostel des Neuen Testamentes dargestellt. Das irdische Wirken Christi in den verlorenen Szenen der unteren Dachschrägen wird durch die endzeitlichen Szenen der oberen Dachflächen ergänzt. Diese am Klosterneuburger Ambo des maasländischen Goldschmiedes Nikolaus von Verdun zum ersten Mal in ausführlicher Form angewandte Erzählweise wird am Dreikönigenschrein noch vertieft durch die Symbolgestalten der Tugenden und der Engel mit den Herrschaftszeichen der Kronen und Sphairen. In außerordentlich geschickter und die bloße Historienerzählung ins Überzeitliche überhöhender Weise sind die unumgänglichen Darstellungen der im Schrein ruhenden Heiligen angebracht. Die Anbetung der Könige und die Taufe Christi sind als doppelte Epiphanie Christi zu verstehen, zu denen als endzeitliche die Erscheinung Christi zum Weltgericht im oberen Giebelfeld tritt. Gleichzeitig ist dieses obere Feld damit in den Apokalypsezyklus der Dachflächen eingeordnet. Die Engel mit den Zeichen des Priestertums Christi (Kelch und Patene) und seiner Herrschaft (Krone) verweisen auf den in den Dreikönigsreliquien im Dom manifesten Anpruch der Abhängigkeit der irdischen von der Herrschaft Christi. Ebenso geschickt ist auf Felix und Nabor an der Rückseite verwiesen, die, stellvertretend für alle Märtyrer, als Nachfolger des Leidens Christi (Geißelung, Kreuzigung) aus seiner Hand die Märtyrerkrone erhalten.
Es fragt sich, wer dieses außerordentlich anspruchsvolle Programm entworfen hat.Trotz der am Klosterneuburger Ambo ersichtlichen Kenntnis komplizierter theologischer Zusammenhänge kommt wohl der erste aus-

Historisches Dokument von 1875 zum Weiterbau der Domtürme.

Das Baptisterium aus dem sechsten Jahrhundert, das bei Ausgrabungen am Dom gefunden wurde.

Besondere Führungen lassen Kinder den Dom auf eigene Weise erleben.

Peter Hecker malte Kardinal Frings als „Bischof mit der Geige“.

führende Künstler und seine Werkstatt, Nikolaus von Verdun, nicht in Frage. Die überzeitliche Überhöhung der Dreikönigenreliquien, die nur als ein, wenn auch wesentlicher, Teil der Heilsgeschichte gesehen werden, spricht dafür, daß das Programm von einem der Domgeistlichen formuliert wurde, dem die Bedeutung der Reliquien in der Herrschertheologie durchaus bewußt war.
Wo die Reliquien im Alten Dom zwischen 1164 und ihrer Bergung im Schrein aufgestellt waren, können wir nur indirekt erschließen. Wahrscheinlich standen sie unter einem großen Radleuchter im Mittelschiff vor dem östlichen Marienchor. Wann mit den Arbeiten am Schrein begonnen wurde, ist ebenfalls unklar. Zwei fast zeitgenössische Nachrichten besagen, daß Erzbischof Philipp von Heinsberg die Gebeine in den Schrein gelegt habe. Als Datum ergibt sich so die Zeit vor 1191, das Todesjahr Philipps. Falls Nikolaus von Verdun der früheste Meister am Schrein ist, wäre das Jahr 1181, in dem Nikolaus den Klosterneuburger Ambo laut Inschrift vollendet hat, der frühest mögliche Zeitpunkt für den Beginn. Wahrscheinlicher ist jedoch die Zeit um 1190. Stiftungen Ottos IV. zwischen 1198 und 1204 für die Vorderseite erweisen, daß sie zu dieser Zeit zu datieren ist.
So hilft zur Klärung der Entstehungsgeschichte nur die Stilanalyse. Unzweifelhaft ist, daß Nikolaus von Verdun die Propheten der unteren Langseiten geschaffen hat. Sie sind in der zeitgenössischen Goldschmiedekunst ohne Parallele und haben ihre unmittelbaren Vorläufer, wie oft beobachtet wurde, im Klosterneuburger Ambo. Die Anwesenheit dieses Goldschmiedes, der erst 1205, wieder durch Inschrift, am Marienschrein in Tournai erwähnt wird, bezeugt auch der ihm zugeschriebene Siegburger Annoschrein. Auf eigenhändige Tätigkeit des Nikolaus von Verdun weist auch die Verwendung identischer Prägestempel am Dreikönigenschrein, am Kosterneuburger Altar und am Marienschrein in Tournai hin. Die stilistischen Voraussetzungen von Nikolaus sind noch nicht umfassend untersucht. Die voraufgehende Kölner Goldschmiedekunst kommt jedenfalls kaum in Frage. Ungeklärt ist auch, was von den zahlreichen am Schrein verwendeten Emailplatten an Säulen, Arkardenbögen, Inschriftleisten und Rahmenleisten unmittelbar auf Nikolaus zurückgeht oder erst in der nachfolgenden Kölner Werkstatt entstanden ist. Dies gilt auch für die Filigranplatten und Edelsteinplatten der Rahmenleisten.

Ob die Apostel der oberen Langseiten noch eigenhändige Werke sind oder schon einer Kölner Nachfolgewerkstatt angehören, ist nicht geklärt. Dem Stil des Hauptmeisters stehen jedenfalls noch die Marienfigur und der Weltenrichter der Vorderseite nahe, während die übrigen Reliefs in ihrem ausgeprägten Rillenfaltenstil auf den Aachener Karlsschrein verweisen. Die enge Übereinstimmung zwischen dem Firstkamm des Aachener Karlsschreines und dem des Dreikönigenschreines erhärtet die Vermutung eines Zusammenhanges beider Werkstätten. Die gesicherte Entstehung der Vorderseite zwischen 1198 und 1206 markiert so das Ende der Tätigkeit von Nikolaus in Köln. Der Jagdfries ist, trotz der bei den Reiterdarstellungen erstaunlichen Freiheit der Bewegung, nicht mehr das Werk des Hauptmeisters. Offensichtlich sehr viel später, wohl erst im dritten Jahrzehnt des 13. Jahrhunderts, ist die Rückseite geschaffen worden.

Mit dem Dreikönigenschrein beginnt in der romanischen Kölner Kunst eine neue Epoche. Durch Nikolaus von Verdun gelangt die Kenntnis einer neuen naturalistischen, aber auch einer völlig neuen, „antikischen“ Figurencharakterisierung in das Rheinland. Bis ins 13. Jahrhundert lassen sich die Spuren dieses Umbruchs in der Goldschmiedekunst und der Buchmalerei verfolgen.

Der Dreikönigenschrein, das religiöse und künstlerische Zentrum der Ausstattung des Kölner Domes, ist nach dem Zweiten Weltkrieg aus der Domschatzkammer wieder in die Kathedrale zurückgekehrt und, seinem Rang angemessen, hinter dem mittelalterlichen Hochaltar aufgestellt worden.

DIE ALTE DREIKÖNIGSLITANEI

Aus: Cornelius Rathscheidt, Güldenes Hand-Büchlein der HH. Dreyen Königen Caspars, Melchiors, Balthasars … zum zweytenmahl auffgelegt durch die zeitliche Herrn Officiantes Archi-Fraternitatis SS. trium Regum, Anno 1722

Gott Vatter vom Himmel, erbarm dich unser
Gott Sohn Erlöser der Welt,
Gott H. Geist,
H. Dreyfaltigkeit ein einiger Gott,
Jesu du König aller Königen,
H. Maria, Königin über alle Königinnen, Bitt für uns.
H. Joseph, Ernehrer des Königs aller Königen,
H. König Caspar,
H. König Melchior,
H. König Balthasar,
H. Drey König, bittet für uns.
H. Drey Weisen auß Morgenland,
Ihr Königen in Tharsis,
Ihr Königen in Arabia und Saba,
Ihr Ertzvätter der Christgläubigen,
Ihr Erstlinge der Heyden,
Ihr Fürsten der Völcker,
Die ihr auff Jesum gewartet,
Die ihr nach Jesu verlanget,
Die ihr in der Liebe wie das gold gegläntzet,
Die ihr in der Andacht wie der Weyrauch seyd auffgegangen,
Die ihr in der Gedult wie die Myrrhen nit verweset,
Ihr allertieffste in der Demuth,
Ihr allerstärckste in der Beharrlichkeit,
Ihr allergrösseste in der Danckbarkeit,
Ihr allerfreigebigste in der schenckung,

Ihr Spiegel aller Tugenden,
Die ihr die göttliche Einsprach nach gesehenem Sternen ehrerbietsam angenommen,
Die ihr der Göttlicher Gnaden willfärtig gehorchet,
Die ihr euer Land, Freund und Freundschafft, umb den himmlischen König verlassen,
Die ihr die beschwernüs der reysen nicht geförchtet,
Die ihr den neugebohrnen König der Juden zu Jerusalem gesucht,
Die ihr den Glauben Christi vor Herode unerschrocken bekant,
Die ihr von Schrifftgelehrten un Phariseeren auß der Schrifft den Ort, wo der Heyland gebohren werden solte, erfahren,
Die ihr von Herode nach Bethlehem gereiset,
Die ihr von dem Ansehen des Sterns abermal sehr erfreuet seyd,
Die ihr denselben, biß er über den Ort, wo das Kind ware, stillgestanden, seyd nachgefolget,
Die ihr in das Hauß hineingehend, das Kind mit seiner Mutter Maria gefunden,
Die ihr niderfallend, das Kind in seinem mütterlichen Schoß habt angebetten,
Die ihr euere Schätz auffgethan und Gold, Weyrauch und Myrrhen dem Kindlein Jesu geopffert,
Die ihr mit dem Geheimnüs dieser Gaben euren Glauben der gantzen Welt bewiesen,
Die ihr das Kindlein Jesu durch das Gold als einen König, durch den Weyrauch als den wahren Gott, und die Myrrhen als einen sterblichen Menschen bedeutet,
Die ihr dem Kindlein Jesu Zehr-geld auf seine reyse nach Egypten verehret,
Die ihr uns ein Vorbild aller tugenden durch ewer demüthiges anbetten vorgestellt,
Die ihr uns das Gold der Liebe, den Weyrauch des Gebetts und die Myrrhen der Gedult Gott auffzuopffern gelehrnet,
Die ihr nach geschehenem Anbetten opfferet, die H. Jungfrau Maria sampt ihrem Bräutigam Joseph demüthig gegrüsset,
Die ihr von der seligsten Jungfrauen und ihrem Jungfräulichen Bräutigam grossen Danck mit Freuden vor euere Gaben empfangen,

Die ihr euch, eure Reich und die Heydnische Völcker Christo sampt
seiner allerheiligsten Mutter und Pfleg-Vatter anbefohlen,
Die ihr von der seligster Jungfrauen und ihrem Bräutigam mit
wünschung alles heyls abgescheiden seyd,
Die ihr durch den Engel im schlaff, bey herode nit einzukehren
gewarnet, auch einen anderen Weg heim gereyset,
Die ihr den Heroden nach Göttlichem Befehl weißlich betrogen,
Die ihr das Kindlein auß der tods-gefahr vorsichtig errettet,
Heilige drey König, bittet für uns. ...

Gott, der du die drey Weisen auß Morgenland, die H. Drey Könige Caspar, Melchior und Balthasar, daß sie deinen neugebohrnen Sohn in Bethlehem besuchten und ehreten, wunderbarlich erleuchtet hast, verleyhe uns, daß wir durch ihr Exempel und Fürbitt von der Finsternüs dieser Welt befreyet, in dem wahren Glauben erleuchtet, dich das ewige Liecht erkennen und durch Wohlfahrt und Widerwärtigkeit sicher hindurch gehen, biß daß wir zu Dir ohne Verhindernüs kommen mögen, der du wohnest in einem Liecht, da niemand hinzu kommen kan. Amen.

DIE MILLIONENSAMMLER

Die Geschichte vom Zentral-Dombau-Verein

Ohne den Zentral-Dombau-Verein wäre der Kölner Dom wahrscheinlich immer noch im Zustand einer grandiosen Bauruine, so wie ihn die Welt seit 1560 gekannt hat: Zwar imposant aber unvollendet. Ob nun Millionen Goldmark, Reichsmark oder D-Mark, die Geldbeschaffungen des Zentral-Dombau-Vereins garantieren seit dem 19. Jahrhundert den Weiterbau, die Vollendung und die Erhaltung der Kathedrale.

Mit seinen fast 6000 Mitgliedern bringt der Zentral-Dombau-Verein im Jahr 1997 von 17 Millionen Mark Gesamtkosten rund 13 Millionen, das sind 75 Prozent des jährlichen Etats, zur Unterhaltung des Doms auf. Allein zwischen 1986 und 1996 betrug sein Zuschuß 70 Millionen Mark.

Die Verwendung der Einnahmen ist durch das „Statut des Dombau-Vereins zu Köln" geregelt. Es wurde am 8. Dezember 1841 durch den preußischen König Friedrich Wilhelm IV. genehmigt:

„Unter dem Namen »Dombau-Verein« bildet sich in Köln ein Verein, welcher den Zweck hat, vermittelst Darbringung von Geldbeträgen und in jeder sonst angemessenen Weise für die würdige Erhaltung und den Fortbau der katholischen Kathedral-Domkirche in Köln nach dem ursprünglichen Plane thätig mitzuwirken."

Mit der Genehmigung des Statuts fand eine Entwicklung ihren vorläufigen Höhepunkt, deren Beginn untrennbar mit dem Namen Sulpiz Boisserée verbunden ist.

1808 beginnt der damals 25jährige Kaufmannssohn und Kunstsammler damit, den Dom zeichnen und erfassen zu lassen. Boisserée plant ein Werk, mit dem er bei seinen Zeitgenossen für den Weiterbau und die Notwendigkeit der Vollendung der gotischen Kathedrale werben will. In seinem Tagebuch hält er fest: „Im Winter 1808 kam es in mir zu einer gewaltigen Gärung ... Nun warf ich mich zu Anfang dieses Jahres auch noch auf die Ausmessung des Doms, und ich begann leidenschaftlich von einem Werk zu träumen, welches dieses so traurig unterbrochene Denkmal deutscher Größe im Bild vollendet darstellen sollte."

Am 8. Mai 1810 schickt Boisserée sechs Zeichnungen der Domkirche an Goethe. Diese Blätter sollen die Grundlage für eine „Sammlung Denkmäler christlicher Bauart in Köln vom siebten bis zum dreizehnten Jahrhundert" sein. Boisserée erwartet Goethes Urteil zu diesem Vorhaben und lädt ihn nach Köln ein. Zwei Wochen später bereits erhält er die Antwort des berühmten Dichters. Goethe lobt Boisserées Bemühungen. Er sei gründlich zu Werke gegangen und der perspektivische Grundriß des Doms sei „eines der interessantesten Dinge, die mir seit langer Zeit in architektonischer Hinsicht vorgekommen sind". Goethe fährt mit den Worten fort: „Der perspektivische Aufriß gibt uns den Begriff der Unausführbarkeit eines solchen Unternehmens, und man sieht mit Erstaunen und stiller Betrachtung das Mährchen vom Thurme zu Babel an den Ufern des Rheins verwirklicht."

Im nächsten Jahr treffen sich die beiden Männer in Weimar. Ob Goethe ihm zum Abschied des Besuchs einen oder zwei Finger gegeben habe, wisse er nicht mehr, schreibt Boisserée an seinen Bruder, doch er sei sicher, „wir werden es bald zur ganzen Hand bringen". Boisserée sollte recht behalten: In den nächsten Tagen kommen die beiden einander näher und es gelingt ihm, Goethe für die alte klassische Kunst zu interessieren. Es ist der Anfang einer intensiven Freundschaft.

1815 ist Goethe in Köln. Im Auftrag der preußischen Regierung – seit dem Wiener Kongreß im Februar des Jahres gehören die Rheinlande zu Preußen – besichtigt er den Dom. Am 4. November 1815 setzt sich Goethe in einem Brief an den preußischen Innenminister für die Restaurierung des Doms ein. Goethes positives Votum gilt als der entscheidende Anlaß für die Wiederherstellung des Doms durch den preußischen Staat.

Boisserée bleibt kein Einzelkämpfer. Viele Kölner Honoratioren beginnen sich für das große Vorhaben einzusetzen. Aus Anlaß der Befreiung von der französischen Herrschaft ruft 1814 Joseph Görres im Rheinischen Merkur zur Vollendung des Doms anstelle der Errichtung eines Nationaldenkmals auf. „Wir können nicht mit Ehren ein ander prunkend Werk beginnen bis wir dieses *(gemeint ist der Dom)* zu seinem Ende gebracht, und den Bau vollends ausgeführt haben." Aus nationalen Grün-

den begeistern sich immer mehr Menschen für die Idee der Domvollendung.
Seit 1823 wird am Dom wieder gearbeitet. Die Kosten trägt zum größten Teil der preußische Staat. Versuche, schon in den 30er Jahren einen Dombau-Verein zu gründen, scheitern an der Angst der Obrigkeit vor Vereinen jeder Art. Die Situation verbessert sich, seit Friedrich Wilhelm IV. am 7. Juni 1840 den preußischen Thron bestiegen hat.
Bereits 1813 hat Boisserée den kunstsinnigen Kronprinzen für die Idee der Domvollendung gewonnen. Kaum zwei Monate nach der Thronbesteigung wenden sich über 200 angesehene Kölner Bürger mit der Bitte um Genehmigung zur Gründung eines Dombau-Vereins an den König, die am 23. November desselben Jahres auch erteilt wird.
In den nächsten Monaten bereiten die Dombaufreunde die Vereinsgründung vor und erarbeiten ein Statut. Bald nachdem der König das Vereinsstatut gebilligt hatte, entstehen in ganz Deutschland Dombau-Vereine. Im April 1841 ruft ein „Kölner Dombau-Verein" in Stuttgart zu Spenden auf. Im Juni wird in Koblenz der erste selbständige Dombau-Verein durch August Reichensperger gegründet.
Über 3000 Domfreunde nehmen am 14. Februar 1842 an der ersten Generalversammlung im Gürzenich teil. Am Tag der Versammlung geboren, wird Maria Eva Groyen als jüngstes Mitglied in die Anmeldelisten eingetragen. Abends zählt der Verein 4832 Mitglieder.
Erster Präsident wird Heinrich von Wittgenstein. Ein 40köpfiger Vorstand steht ihm zu Seite. Aus dessen Reihen bildet sich der siebenköpfige geschäftsführende Verwaltungsausschuß mit dem Präsidenten und dessen Stellvertreter, dem Sekretär, an der Spitze. Bis heute ist diese Organisationsstruktur unverändert.
Deutschland befindet sich 1842 im Dombaufieber. Zur Verbreitung des Dombaugedankens erscheint als Beilage der Kölnischen Zeitung ab Juli wöchentlich das Domblatt als „Amtliche Mittheilungen des Central-Dombau-Vereins, mit geschichtlichen, artistischen und literarischen Beiträgen, herausgegeben vom Vorstande". Am 4. September 1842, dem Tag der Grundsteinlegung zum Domweiterbau, gibt es bereits 70 Dombau-Hilfsvereine. Bald treffen in Köln die Nachrichten von Vereinsgründungen im Ausland ein: In Paris gehört der spätere Dombaugegner Heinrich Heine zu den Gründungsmitgliedern. In Rom entsteht ein Verein und selbst jenseits des Atlantiks gibt es Dombaufreunde:

Am 4. Dezember 1842 wird der „Dombau-Verein der Deutschen in Mexico“ ins Leben gerufen. Auf 140 wächst die Zahl der Vereine in den nächsten zwei Jahren. Über 10000 Frauen und Männer werden zeitweise in den Mitgliedslisten des Kölner Vereins geführt. Politische Unruhen und wirtschaftliche Krisen lassen die anfängliche Begeisterung nach wenigen Jahren spürbar abnehmen. Die Mitgliederzahlen sinken.
Finanziert wird der Weiterbau des Doms durch Mittel des preußischen Staates, Beiträge der Dombauvereinsmitglieder, Spenden der Industrie und des Versicherungswesens, der Dombau-Kollekte und der Kathedralsteuer, einer seit 1826 im Erzbistum Köln bei Taufen, Hochzeiten und Beerdigungen erhobenen Steuer. Vergeblich beantragt der „Zentral-Dombau-Verein 1857“, so lautet seit 1854 die offizielle Bezeichnung des Kölner Dombau-Vereins, die Genehmigung zur Durchführung einer Lotterie. Soll man ein Gotteshaus mit Gewinnen aus Glücksspielen bezahlen?
Sieben Jahre später hat ein neuer Antrag Erfolg. Am 26. März 1864 wird eine „Prämien-Collekte“ durch königliche Kabinettsorder zugelassen. Mit dem Hinweis, das Geld sei ja für den Bau der Türme bestimmt, versucht man Skeptikern die Vorbehalte gegen das Glücksspiel zu nehmen. 500 000 Lose, jedes eigenhändig vom Rendanten des Zentral-Dombau-Vereins, Jakob Nelles, unterschrieben, werden in ganz Deutschland angeboten. Der Hauptgewinn von 100 000 Talern, für die damalige Zeit eine unvorstellbare Summe, auf heutige Verhältnisse umgerechnet mehr als 20 Millionen Mark, animiert zum Verkauf von 320 000 Losen.
In den nächsten Jahren bringen die Gewinne aus der Lotterie dem Zentral-Dombau-Verein den Großteil der zur Vollendung der Kathedrale benötigten Finanzmittel.
Insgesamt kostete die Fertigstellung des Domes – 1842 mußten noch annähernd zwei Drittel des Bauwerks erstellt werden – 6,6 Millionen Taler. Der Staat Preußen stellte davon etwa ein Drittel bereit, der Zentral-Dombau-Verein mit 4,4 Millionen Talern zwei Drittel. Allein der Bau der beiden Türme schlug mit 4.055.000 Talern zu Buch. 75 Prozent davon wurden durch den Zentral-Dombau-Verein finanziert.
Mit der feierlichen Schlußsteinsetzung am 15. Oktober 1880 erlahmte das Interesse am jetzt „ja fertigen“ Dom. Die Überschüsse der Dombaulotterie werden zwischen 1880 und 1912 zur Freistellung der Domumgebung gebraucht.

Kluge Männer – in der Tat waren es ausschließlich Männer – haben im Vorstand des Zentral-Dombau-Vereins gewirkt. Nur in einem Punkt waren sie wenig glücklich: Nachdem der Zentral-Dombau-Verein alle Grundstücke um den Dom gekauft oder überlassen bekommen hatte, werden diese der Stadt Köln übertragen mit der damit verbundenen Auflage, diese Grundstücke niemals zu bebauen. Wie ernst dies genommen wurde, erkennt man an der Tatsache, daß das Römisch-Germanische Museum, die Philharmonie und das neue Museum Ludwig auf diesen „niemals zu bebauenden Grundstücken" errichtet worden sind.
Ist man zu Beginn des Jahrhunderts noch überzeugt, für die nächsten 100 Jahre Ruhe vor weiteren Restaurierungsarbeiten zu haben, folgt die Ernüchterung mit einem gewaltigen Getöse. Nach der Andacht am Nachmittag des 20. Mai 1906 stürzt ein großer Steinbrocken in den Dom. Die Öffentlichkeit ist alarmiert. Jetzt erst finden die Mahnungen des damaligen Dombaumeisters Hertel Gehör. Schon lange hat er von der Sanierungsbedürftigkeit des mittelalterlichen Strebewerks gesprochen. Ab sofort wird am Dom wieder gebaut.
Schwierigkeiten treten mit der Machtübernahme der Nazis auf. Die Einnahmen gehen noch mehr zurück. Die Erlöse der Lotterie, wenn sie denn genehmigt wird, müssen mit anderen mehr oder weniger historischen, den Vorstellungen der Machthaber eher entsprechenden, Bauten „geteilt" werden.
Im Krieg leidet auch der Dom. 14 Bomben- und 19 Granattreffer hinterlassen schwere Schäden. Nur zwei Monate nach Kriegsende wird der Zentral-Dombau-Verein wiederbelebt. Aus den Trümmern wird die Kartei mit 320 Namen ausgegraben. 178 Personen werden ermittelt. Ein Neuanfang wird gemacht.
Wieder ist es der Zentral-Dombau-Verein, der die dringend benötigten Gelder zur Wiederherstellung des Gotteshauses aufbringt. Zwischen 1948 und 1990 steuert er mehr als 37 Millionen Mark zur Beseitigung von Kriegsschäden bei.
In den letzten Jahren ist die Bedeutung des Vereins enorm gewachsen. Die ohnehin eher kümmerlichen Zuschüsse der Stadt Köln werden Jahr für Jahr weiter gekürzt. Die Haushaltslage des Landes läßt auf absehbare Zeit keine Steigerungen erwarten. So muß der Zentral-Dombau-Verein einen ständig wachsenden Anteil des Dometats übernehmen.

Ein Lichtblick freilich ist die Mitgliederentwicklung. Zwischen 1986 und 1996 sind 3168 Frauen und Männer dem Verein beigetreten. Unzufrieden ist Präsident Karl-Heinz Lang mit dem Anteil Kölner Bürger im Verein. „Weniger als 50 Prozent unserer Mitglieder kommt aus Köln. Wenn der Kölner seinen Dom sieht, geht ihm das Herz auf ..., aber nicht das Portemonnaie".

Der Zentral-Dombau-Verein ist heute wichtiger denn je. Aussichten, daß der Verein eines Tages überflüssig sein könne, bestehen nicht. Schließlich wird der Dom niemals fertig, und wenn doch, geht ja – wie es im Volksmund heißt – die Welt unter.

„MUTTER, ZU DIR KOMME ICH“

Marienverehrung im Kölner Dom

Auf der Suche nach dem Himmel bemühen Menschen sich seit jeher den erfahrbaren, geschöpflichen Lebensraum zu übersteigen. Auch der Dom ist dafür ein gigantisches steinernes, gläsernes Zeugnis. Ob von außen wie ein riesiges Kulturgebirge oder von innen wie ein lichttrunkener Kristall erfahrbar: Eine Ahnung vom Himmel erschließt sich beglückend dem Sehenden.

Wie könnte da die Begegnung mit der Frau fehlen, die an die Schwelle zum Göttlichen berufen, selbst zum Einfallstor Gottes in unsere geschichtliche Dimension wurde: Maria, die Mutter Gottes.

Als ältestes Zeugnis der Marienverehrung in diesem Kölner Petersdom ist wohl die kleine, im römischen Atrium in der Mitte des 6. Jahrhunderts erbaute Marienkapelle zu sehen, in der Angehörige des Königs Theudebert II. begraben wurden. Aber auch im „Alten Dom“ (9. Jh.) wurde im Osten der Marienchor als Pendant zum westlichen Petruschor erbaut.

Im heutigen gotischen Dom ist der im Jahre 1322 geweihte *Hochaltar* mit kostbaren Reliefszenen aus dem Marienleben gestaltet: Auf der Vorderseite die Krönung Mariens inmitten der zwölf Apostel, auf den Schmalseiten die Verkündigung (im Süden) und die Darstellung im Tempel (im Norden) und auf der Rückseite zum Chor hin die Anbetung der Heiligen Drei Könige. Schon dieser, den größten Altären der Christenheit zuzurechnende Altar aus schwarzem Marmor und weißen Carrara-Maßwerkarkaden und -Figuren, verweist auf die Bedeutung der Marienverehrung in ihren vielfältigen Facetten: Maria als Mutter Jesu Christi.

Auf eine anmutige Weise – und doch in entrückter Distanz – begegnen wir der Muttergottes in der *Mailänder Madonna* (2. Hälfte des 13. Jh.). Während sie über viele Jahre an der Mittelsäule der Sakramentskapelle in Augenhöhe auf einem Holzpodest stand und die Besucher geradezu zärtlich willkommen hieß und ebenso verabschiedete, steht sie heute wieder entrückt an der ursprünglichen Stelle an der Fensterwand der Mari-

enkapelle, hochaufgerichtet zwischen Konsole und Baldachin. Hier lächelt uns nun die der höfischen Sicht des hohen Mittelalters entstammende, gekrönte und mit Zepter geschmückte Hohe Frau entgegen. Ihr Körper gleicht einer lodernden Flamme, ihr blauer Mantel ist sternenübersät. Auf dem roten Unterkleid funkeln aufgesetzte Halbedelsteine. In der Farbsymbolik des Mittelalters stand oft die Farbe Blau für Christus, Rot für Gottvater. Bei Maria werden beide Farben zusammengebracht: In ihr nimmt der unsichtbare Gott Fleisch an und wird Mensch. Verschmitzt lächelt das Kind auf ihrem Arm, ganz menschlich und doch unerreichbar, ganz Kind und doch Gott.
In unmittelbarer Nachbarschaft zu dieser Marienstatue finden wir auf dem die Marienkapelle auch optisch beherrschenden *Dombild* die Himmelskönigin mit ihrem göttlichen Sohn, umgeben von den anbetenden Königen und den weiteren Stadtpatronen St. Ursula und St. Gereon mit deren Gefolge. Stephan Lochner hat hier im Jahre 1445 – ursprünglich für die Rathauskapelle der Stadt – eine himmlische Anbetungsszene visualisiert, die über verschiedene Ebenen dem Sehenden zu einem unvergleichlichen Erlebnis werden kann.
Zunächst einmal fällt der Goldhintergrund auf. Er signalisiert den Himmel und läßt das Dargestellte als himmlisches Geschehen begreifen. Die kostbaren Gewänder, die Juwelen, Goldschmiedearbeiten und der mit Blüten und Heilkräutern übersäte Rasen werden zu sichtbaren Sprossen einer Jakobsleiter, die von der Erfahrbarkeit irdischer Schönheit und diesseitigen Wohlergehens unmittelbar zur nicht sichtbaren himmlischen Vollendung führt. Symbolträchtig ist auch die Gestalt Mariens: Ihr blaues seidenes Gewand ist, vergleichsweise zu den kostbaren, pelzverbrämten Brokatgewändern der Könige, schlicht. Die Kostbarkeit der „Magd des Herrn" liegt in ihrem Innern. Diesem Umstand trägt Stephan Lochner Rechnung, indem er die Seide von innen mit Hermelin ausfüttert: Im Weiß dieses kostbaren Pelzes spricht er auf die Reinheit der gnadenhaft unbefleckt empfangenen und verbliebenen Jungfrau an, die makellos zum Gefäß göttlichen Heilswillens wurde. Die eigentliche Lichtquelle aber ist das göttliche Kind: Es strahlt als „Licht der Welt" von innen her und verleiht den Gestalten ringsum Licht.
Zu einer noch tieferen Sicht dieser „himmlischen Liturgie" führt uns die zugrundeliegende Komposition: Während das Mittelbild durch zwei große Diagonalen, die jeweils von den Eckpunkten ausgehen, gegliedert

wird, und das Tableau in vier Dreiecke unterteilt, spielt das Dreieck eine das Bild sowohl kompositionsmäßig als auch inhaltlich bestimmende Rolle. Ein eigenes Dreieck läßt sich sichtbar machen, wenn man gedanklich eine Linie von der Krone Mariens aus in die jeweilige untere Bildecke zieht. Alle Edelsteine und Perlen auf der Krone Mariens sind in Dreiecksform einander zugeordnet, ebenso die Perlen unterhalb der Brosche Mariens. Selbst die den Thronvorhang tragenden und umschwebenden Engel bilden in ihrer Anordnung jeweils ein Dreieck – links von Maria mit der Spitze nach oben, rechts mit der Spitze nach unten. Das Dreieck als Symbol der Dreifaltigkeit bestimmt den bildimmanenten Grund: Der unsichtbare, dreifaltige Gott als Wesensgrund des Himmels wird auch hier zur tragenden Mitte dieses den Himmel veranschaulichenden Altarbildes. – Wen wundert es noch, daß Albrecht Dürer auf seiner Reise nach Flandern in sein Tagebuch schrieb, daß dies das schönste Bild sei, das er je auf Erden gesehen habe …?
Ähnlich und doch viel kompakter begegnet uns Maria als Thron des Weltenherrschers auf der *Stirnseite des Dreikönigenschreines* (ca. 1170–1220). Als „Sitz der Weisheit" bietet sie den König der Könige den Heiligen Weisen aus dem Morgenland – als den ersten christlichen Königen – zur Anbetung dar. König Otto IV., der das Gold für die Stirnseite dieses Schreines gestiftet hat, folgt ungekrönt als vierter König und ordnet sein Königtum dem Königtum Jesu Christi unter.
Noch statuarischer schaut die *Thronende Madonna aus Füssenich* – in der Achskapelle des Domes beheimatet – frontal den Besucher an. An die archaische Monumentalität romanischer Madonnen erinnernd – sie stammt wahrscheinlich aus dem Ende des 13. Jahrhunderts – trägt sie das stehende Jesuskind auf ihrem linken Schoß. Für die bisher in der rheinischen Kunst ungewohnte Straffung der Komposition erscheint die Madonna hoheitsvoll entrückt, wie ein Kultbild aus einer anderen Welt. Und doch weist diese erhabene Frau nicht nur stilistisch auf die Chorpfeilerapostel des Hochchores, sondern auch in ihrer besonderen Stellung auf die vieldeutige Mariengestalt neben der Christusfigur an den zentralen *Ostpfeilern des Hochchores* hin. Hier neigen sich Christus und Maria – umgeben vom Reigen der Apostel – in bräutlicher Liebe einander zu. Man gewinnt unmittelbar den Eindruck, daß die Gesamtkomposition des Domes in dieser höfisch vollendeten Liebesszene gipfelt: Christus, der himmlische Bräutigam, neigt sich im Gleichklang der Bewegung

seiner Braut, der Kirche, zu. Maria, die Königin des Himmels, wird hier als Bild der Vollendung verstanden, auf die hin Erlösung und Rettung der Menschen durch Christus in seiner Kirche hinzielt: der ewige Jubel in der Vollkommenheit des Himmels. Maria, die als wahre Gottesmutter an der Schwelle vom Alten zum Neuen Testament, an der Nahtstelle zwischen dem Gottesvolk des Alten und des Neuen Bundes steht, personifiziert in sich die Gestalt der Kirche, in deren himmlischer Vollendung das ganze selige Glück der Christen anschaulich wird. Es ist deshalb nur folgerichtig, daß die dieses himmlisch-bräutliche Glück umstehenden und bezeugenden Apostel auf ihren Baldachinen durch musizierende Engel bekrönt werden, während Braut und Bräutigam im Gleichklang der Bewegung wie eine einzige Flamme auflodern.
Ganz anders, der eschatologischen Vollendung zwar durch kostbaren Schmuck verwandt, und doch anrührend dem Beter nah, kommt uns die *Schmuckmadonna* im nördlichen Querhaus entgegen. Diese in der Frontseite des ehemaligen Dreikönigenmausoleums (von 1660) mit zahlreichen Schmuck- und Votivgaben bekleidete Marienstatue (spätes 17. Jh.) hat eine so unmittelbare Nähe zu den Menschen gefunden, daß sie wie eine Gnadenmadonna verehrt wird. Tag für Tag brennen tausende Kerzen vor ihr als Zeichen menschlicher Verehrung und Bitte um Fürsprache bei Gott. Keiner weiß, warum gerade diese 1991 erneut mit weißem Moirée bekleidete Statue mit so zahlreichen aus Bitte und Dank angehefteten Votivgaben bedacht wurde. Im Volksmund gilt sie als „Madonna der Verliebten“. Früher sind viele (unglückliche) Liebespärchen zu ihr gepilgert und haben vor ihr, der Mutter aller Gnaden, gebeten, die eigenen Eltern umzustimmen und in ihre Heirat einwilligen zu lassen. Kleine Gold- und Silberherzchen, aber auch die silbernen Säuglingsfigürchen künden von segensreicher Erhörung.
Aber nicht nur vor dieser Schmuckmadonna brennen unaufhörlich Kerzen und weisen den Suchenden den Ort zu stillem Gebet, sondern auch bei der *Schmerzensreichen* in der Kapelle unter dem Nord- und Südturm (an der Grablege und bei der Kreuzabnahme) brennen die Lichter als Zeichen stillen Gebetes. Ob Maria als Königin am Mittelpfeiler des Hauptportals Besucher des Domes empfängt oder als Schmerzensreiche in der Sakramentskapelle den Blick der Beter auf sich zieht, Maria ist in unnennbar vielen Bildern im Dom dargestellt. Ihre Präsenz in Fenstern, auf Wand- und Altarbildern, in Skulpturen auf Wänden oder in Altären

ist schier unauslotbar. Dabei spiegeln sich facettenartig ihre Eigenschaften als Jungfrau, Braut, Mutter, Königin, Beschützerin und Fürsprecherin ebenso wie die jeweilige Sicht der Gläubigen in der Entstehungszeit dieser Darstellungen. Die Mittlerin der Gnaden erweist sich in diesem Bilderkanon im Kölner Dom auch heute ungebrochen als Zufluchtsort der Beter, als Orientierung auf dem Lebensweg und als Wonne seliger Freuden.

Neben feierlich begangenen großen Marienfesten – der 15. August, das Fest Mariä Himmelfahrt, ist zugleich das Datum der feierlichen Grundsteinlegung des gotischen Domes im Jahre 1248 – stehen große Marienfeierstunden, wie die Erneuerung der Weihe des Erzbistums an Maria im Jahre 1994, ursprünglich im Inferno des 2. Weltkrieges durch Kardinal Frings vollzogen, und die jährlichen Marienmessen und -andachten des Deutschen Lourdes-Vereins neben dem täglichen Rosenkranzgebet und den Maiandachten sowie den zahllosen Gebeten kleinerer Gruppen und einzelner Beter. Das gesungene und gesprochene Marienlob gerinnt im Kölner Dom zu steingewordenem Glaubensbekenntnis in Skulpturen und das Herz anrührenden, da transzendierenden, Bildern voll himmlischer Schönheit.

Dreikönigenschrein des Nikolaus von Verdun.

Heilige drey Könige
Caspar/Melchior/Balthasar/
Bittet für uns jetzt und in der Stund
unseres Todts.
Diß an die Häupter und Reliquien der HH.
drey Königen in Cöllen angestrichenes Brieff-
lein ist gut für alle Reißgefahren/Hauptweh/
fallende Kranckheit/Fieber/Zauberey und
jähen Todt/durch einen vesten Glauben.

Ein „Anrührzettel“ von 1744, mit dem Gläubige die Reliquien der Heiligen Drei Könige berührt, „angerührt“ haben.

Hoch türmt sich das Gewölbe über dem Schrein der Heiligen Drei Könige.

Der Ostchor ist der älteste Teil des Doms.

ROSEN AUS STEIN – BLÜTEN AUS HOLZ

Seltsame Gewächse im gotischen Dom

Dombesucher fühlten sich wohl auf den Arm genommen. Auf ihre Frage, was der Mann mit dem Feldstecher denn an Gewölben und Pfeilern beobachte, bekamen sie zu hören: „Ich suche Pflanzen." Und das mitten im Gebäude! Erst als der Botaniker einen Blick durch das Fernglas gewährte, wich die Skepsis heller Begeisterung. Die Schärfe der Optik erschließt nämlich den Dom auf eine Weise, wie ihn nur wenige kennen.

Abertausende von Knospen, Blättern und Blüten scheinen aus Mauern und Architekturgliedern zu sprießen. Sie umschlingen die Säulenköpfe (Kapitelle), bekränzen die Schlußsteine der Gewölbe, zieren die Konsolen ehrwürdiger Heiligenfiguren, ranken an den Nischenbecken (Piszinen) der Chorkapellen, bilden Blatt-Teppiche (Friese) unterhalb der Fensterbänke, schmücken die Säulen des Laufganges (Triforium) im Obergeschoß und bilden gleichsam Ehrenpforten über Fenstern und Eingängen. Auch an der Domaußenseite wuchert diese merkwürdige Vegetation: auf Strebebögen, Ziertürmchen (Fialen) und Ziergiebeln (Wimpergen), an Fensterlaibungen und Portalgewänden.

Die Größe der Kathedrale und ihre reiche Ausstattung schlagen die Besucher meist derart in Bann, daß diese unaufdringliche Pflanzenwelt wenn überhaupt dann nur beiläufig registriert wird. Und vieles rankt derart hoch über dem Boden, daß man mühsam den Hals recken muß, was allzu rasch die anstrengende Beobachtung zum Abbruch zwingt.

Dabei sind Pflanzenmuster die häufigsten Zierformen überhaupt, die es im Dom gibt. Die mittelalterlichen Steinmetzen entwickelten während der Bauzeit eine Vorliebe für Blätter und Blüten. Und nicht nur sie! Auch das Inventar wiederholt die Pflanzenbilder der Architektur. Man findet genau dieselben Muster oder doch sehr ähnliche im Schnitzwerk des Chorgestühls und in der Glasmalerei. Zierrahmen der Fenster können mit Laubwerk ausgelegt sein. Oder Einzelblätter sind zwischen Heiligen-

gestalten ausgestreut, fast wie es der Volksbrauch noch heute bei der Fronleichnamsprozession kennt.
Fast wie in der Natur draußen wurzeln die seltsamen Gewächse an eher verborgener Stelle. Um sie richtig zu bestimmen, muß man Botaniker und Kunstkenner in einem sein. Manche Art springt zwar sofort ins Auge. Weinlaub, Eichen- und Efeublätter etwa dürfte wohl jeder leicht erkennen. Aber was man vielleicht als Ahorn ansprechen möchte, könnte auch Hopfen, Maulbeere oder Zaunrübe sein. Warum dann nicht auch Weinrebe? Diese handförmig gelappten Blätter sind in der Natur weit verbreitet und in zahlreichen anderen Gattungen und Familien des Pflanzenreichs anzutreffen.
Ein Blick in die Werke der mittelalterlichen Botaniker hilft kaum weiter. So kennt Hildegard von Bingen offensichtlich zwei verschiedene Ahornarten. Unklar bleibt aber, welche sie denn genau meint. Und Albertus Magnus, der die Grundsteinlegung des Domes miterlebte, nennt unseren heutigen Berg-Ahorn „platanus“. Platanen jedoch fanden erst im 16. Jahrhundert bei uns Eingang.
Nun lernt man schon in der Schule, daß Arten anhand der Blüten und der aus ihnen hervorgehenden Früchte unterschieden werden. Blumen und Obst stehen ganz unwissenschaftlich im Alltag oft für die Pflanzenart selbst. So gelten Apfel, Birne oder „Traube“ populär als Pflanzennamen. Aber dieses einfache Unterscheidungsmerkmal fehlt im Kölner Dom fast völlig. Es ist eine höchst unfruchtbare Pflanzenwelt, mit der sich die mächtige Kirche schmückt.
Nur in wenigen Fällen erscheinen neben den Blättern gleichzeitig Blüten und Früchte. Dann ist die Bestimmung eindeutig. Sie gelingt für Efeu, Eiche, Hopfen, Rose, Stechpalme (Ilex) und Weinrebe. Eine Unterscheidung der Arten, etwa Stiel- oder Steineiche, ist jedoch nicht möglich.
Falls es den gotischen Laubhauern nur darum gegangen wäre, botanisch korrekte Abbilder zu liefern, hätten sie sich nicht auf die Blattform allein beschränken dürfen. Andererseits haben sie aber ohne jeden Zweifel die Zierformen ihrer Kunstwerke der Natur entlehnt. Das lehrt ein Vergleich zwischen den Kölner Dompflanzen und den Pflanzenornamenten der romanischen Kirchen. Dort sind die „Blätter“ reiner Zierat. Natürliche Vorbilder sind nur mit viel Phantasie auszumachen. Meist gehen sie auf antike Entdeckungen zurück, wo Akanthus, Bärenklau und Palme („Pal-

mette") als Vorlage der Bildnerei dienten. Die Formen der Romanik bleiben insgesamt so unwirklich wie die phantastischen Tiergestalten, die sich im geometrischen Geranke tummeln.

Mit dieser Tradition brach die Gotik zur Bauzeit des Kölner Domes. Angefangen hatten die Franzosen, deren Bauingenieure und Architekten ja auch den neuen Baustil entwickelten. Mit der moderneren Technik verband sich damals auch ein neues Naturverständnis. Gelehrte wie Albertus Magnus interessierten sich jetzt für Tiere und Pflanzen um ihrer selbst willen. Davon ließ sich wiederum das künstlerische Empfinden beeinflussen und experimentierte mit der natürlichen Formenfülle.

Sicher, nicht jeder Handwerker, der am Dom mitwirkte, meißelte seine Pflanzenbilder nach der Blume am Wegesrand. In Musterbüchern fanden sie naturgetreue Zeichnungen als Vorlagen für die eigene Arbeit.

Fragt sich nur, unter welchen Gesichtspunkten bestimmte Pflanzenarten für diesen Zweck ausgewählt worden sind. Naheliegend, daß es sich um bekannte und gebräuchliche Pflanzen handelt. Deren Nutzwert lag nun einmal den Menschen näher als die ästhetische Bedeutung. Da verwundert es kaum noch, daß in einer Stadt wie Köln der aus dem Brauwesen hochgeschätzte Hopfen seinen Platz im Dom erhielt. Wein gar wurde damals bis ins Bergische hinauf angebaut und war für die Feier der hl. Messe unverzichtbar. Da treffen sich im Weinlaub der Kapitelle Nützlichkeit und Symbolik.

Aus dem Efeu gar zog man gleich doppelten Nutzen. Als vielseitige, aber nicht ungefährliche Medizin war er schon den Griechen geläufig. Gleichzeitig diente er auch kultischen Zwecken als Gebinde bei ernsten und feierlichen Anlässen sowie als Symbolpflanze.

Nach dem „Nutzen" fragen, bedeutete in den Zeiten der Gotik eben mehr als bloß handfeste Verwendungszwecke aufzudecken. Die Natur diente darüber hinaus als Bild und Gleichnis ihrer Weltanschauung, des religiösen Glaubens. Und an dem kommt man im Dom einfach nicht vorbei. So legt der immergrüne Efeu den Gedanken an die Unsterblichkeit nahe. Seine Eigenart nährt den Wunsch, daß Freundschaft und Liebe „auf ewig" währen.

Die Symboltheologie war also mitentscheidend für die Auswahl einer Pflanzenart zu Dekorationszwecken. Aber ob nützlich oder symbolisch – die Rechnung geht nicht ganz auf! Die Buche (= Rotbuche, Fagus sylvatica) beispielsweise, häufigste Baumart der sommergrünen Laubwälder

unserer Gegend, hat weder Symbolwert noch ausgeprägte Heilwirkung. Bliebe höchstens ihre Bedeutung als Holzlieferant.
Da muß also noch ein anderer Gesichtspunkt bei der Auswahl der Dompflanzen mitgewirkt haben. Auch heute noch gilt, daß ein Sträußchen zur Zierde gereicht. Eichenlaub soll den Sieger ehren, ihn aber auch schmücken. Efeu verheißt dem aus Liebe Beschenkten Treu, verschönt aber auch die Blumenbank oder deckt häßliche Hauswände zu. Nicht anders ist das mit der steinernen Flora des Kölner Doms.
Die Künstler haben die naturgetreuen Vorlagen so geschickt in Stein, Holz und auf Glas umgesetzt, daß man vielfach ohne Mühe das natürliche Vorbild erkennen kann. Trotzdem würde sich keines dieser Bildnisse zur Illustration eines Lehrbuches der Botanik eignen. Das schaffte erst zweihundert Jahre später die Tafelmalerei. Beim berühmten Altarbild Stephan Lochners (um 1445) in der Marienkapelle des Doms kann man unschwer Blüten und Insekten bestimmen.
Dagegen wirken auch die feinsten Architekturpflanzen eher grob. Selbst die Glasmalerei erreicht bei weitem nicht den Standard an Naturtreue wie bei Lochner. Der hält sich strikt an die botanische Morphologie, während die Gotiker die Pflanzenarten in einer Vielfalt von Varianten darstellen, von der sorgfältig ausgeführten naturnahen Form bis hin zur Karikatur. Ja es gibt – eigentlich unerlaubte – Grenzüberschreitungen, bei denen die Artmerkmale verwischt werden. Da kann unversehens ein Mitteldring zwischen Weinlaub und Hopfenblatt, zwischen Ahorn und Efeu entstehen.
Da lassen sich regelrechte Entwicklungslinien nachzeichnen, gar Stammbäume aufstellen, die Herkunft und Abwandlungen eines Blatt-Typs spiegeln. Es erinnert fast an den biologischen Evolutionsprozeß, nur daß hier eine künstlerische Auslese stattgefunden hat. Die gestaltende Hand des Menschen geht weit über das hinaus, was man als Modifikationen natürlicherweise wahrnehmen kann. Im Dom „sprießen" auch Pflanzen, die es in der Natur gar nicht gibt.
Demnach ist die Domflora wesentlich Zierat, Schmuck für markante Teile der Architektur. Die Auswahl der Pflanzenarten geschieht aufgrund ihrer dekorativen Wirkung. Die Blattgestalt an sich steht im Vordergrund des Interesses, nicht irgendwelche botanischen Befunde.
Gerade mal zehn Blatt-Typen liefern die Grundlage für die Formenvielfalt des gotischen Laubwerks, das den Kölner Dom schmückt. In der

Sprache der Botanik würde man sie nach ihrer Gestalt als handförmig, drei- bis fünflappig, explizit dreilappig, fieder-, ei- und schildförmig, herznierenförmig, pfeilförmig, gefiedert und rosettenförmig bezeichnen.
Diese Grundformen werden nun abgewandelt. Grenzen setzen dabei die natürlichen Vorbilder ebenso wie die Vorlagen der Musterbücher. Sauberes Kunsthandwerk achtet nun einmal den Standard. Das Verfahren hatten im Grunde bereits die Griechen festgelegt. Im korinthischen Kapitell darf man die „Urform" für alle diese Bemühungen erblicken.
Was die Kölner Baumeister und Steinmetzen bei ihren französischen Kollegen abgeschaut und nach dem Vorbild der Kathedrale von Amiens realisiert hatten, fand Nachahmer im ganzen Rheinland.
Am auffälligsten und üppigsten ist dies beim Altenberger „Dom" der Fall. Die ehemalige Zisterzienserkirche ist gemäß den strengen Ordensbestimmungen frei von Figurenschmuck und äußerst sparsam in der Farbgebung. Dadurch gelangt dort der Pflanzendekor ungeschmälert und viel besser als in Köln zur Geltung. Die Glasmalerei, vom Verbot der szenischen Darstellung besonders hart betroffen, konzentriert sich notgedrungen auf Pflanzenmotive und erreicht darin Meisterleistungen, als bestes vielleicht das Akelei-Fenster.
Der Export Kölner Pflanzen reicht bis an die Lahn, wo diese Flora in Marburg St. Elisabeth, Haina, Wetzlar und Altenberg (Nonnenkloster) „gedeiht". Sie „sprießt" in Marienstatt im Westerwald, Rommersdorf bei Neuwied, Siegburg St. Servatius, Vilich, Mönchengladbach und recht entlegen in Niederlützingen, wo der Kölner Erzbischof einst Patronatsherr gewesen ist.
Das „Geheimnis der Kathedrale", von dem so gerne gemunkelt wird, löst sich zu einem durchschaubaren Vorgang mit erklärbaren Zielen auf. Keine mystisch-verschleierte Kräuterapotheke, die ihr Geheimwissen nur Eingeweihten preisgibt, verbirgt sich hinter der Domflora. Um Heilwissen geht es schon: um die nachprüfbare natürliche Heilkraft der Pflanze, um ihren Nährwert sicherlich auch, mehr noch um ihre lehrreiche Symbolik und um ihre Schönheit, die den Menschen erfreut und ihm ein Mittel reicht, mit dem er verehren kann, was sein Fassungsvermögen übersteigt. Und dafür steht ja der Dom.

DER CHRISTUS MIT GESCHLOSSENEN AUGEN

Gedanken zum Gero-Kreuz des Kölner Doms

Fast täglich komme ich auf dem Weg zur Domsakristei am Gero-Kreuz vorbei. Schon im 14. Jahrhundert befand es sich „prope sacristiam", nahe der Sakristei, seit 1683 umrahmt von einer barocken Altararchitektur. Wer nach Kunstwerken im Kölner Dom befragt wird, wird den Dreikönigenschrein des Nikolaus von Verdun nennen und Stephan Lochners „Dombild". Wohl selten aber wird das aus der 2. Hälfte des 10. Jahrhunderts stammende Gero-Kreuz genannt werden, und doch ist dieses Kreuz das wohl bedeutendste Kunstwerk im Kölner Dom.

Das heute an der Stirnwand des nördlichen Seitenschiffes hängende Großkreuz befand sich ursprünglich im romanischen Dom, dem sogenannten „Hildebold-Dom". Stifter oder Auftraggeber war Erzbischof Gero (969–976). Im Auftrag Kaiser Ottos I. des Großen war er 971 in Byzanz auf Brautwerbung für dessen Sohn, den späteren Otto II. Er kehrte mit Theophanu, einer Nichte des damaligen oströmischen Kaisers, nach Rom und Köln zurück. Später leitete er zusammen mit Adalbert, dem Erzbischof von Magdeburg, die Totenfeier für Kaiser Otto I. und salbte Otto II. zum „Herrn und König". Das Kölnische Mittelalter hat diesen Gero als Heiligen verehrt und dargestellt, so etwa in der gotischen Stephanuskapelle des Domes (Wandmalerei von 1320), wo sich heute sein Hochgrab befindet. Der dortige Kastensarkophag ist mit einer Platte aus weißen Marmorteilchen, rotem und grünem Porphyr bedeckt. Sie soll einmal das Grab Geros in der Mitte des alten Domes bedeckt haben. Und genau dort stand nach Thietmar von Merseburg das heute nach Gero benannte Kreuz. In Thietmars Chronik (1012–1018) heißt es: „Das Kruzifix, das jetzt in der Mitte der Kirche steht, wo er selbst begraben liegt, ließ er aus Holz kunstfertig herstellen." Das Kreuz hing also nicht, sondern stand auf einem Sockel vor oder hinter dem Grab des Erzbischofs, wohl in Verbindung mit einem Altar. Da es nicht aufgehängt

war, konnte es ähnlich dem Dreikönigenschrein aus dem Dombrand des Jahres 1248 gerettet werden. Im Gotischen Dom verblieb es dann zunächst im Zusammenhang mit dem neuen Hochgrab Geros in der Stephanuskapelle. Im 14. Jahrhundert wird es dann schon am heutigen Ort bezeugt. 1683 stiftete der Domherr Heinrich Mehring für das Gero-Kreuz einen von ihm nach römischem Vorbild entworfenen Marmoraltar. Das früheste erhaltene Großkreuz der mittelalterlichen Kunst findet sich seitdem in einer strengen römisch-barocken Architektur, auf blauem Grund, umgeben von einem goldenen Strahlenkranz. „Den über Himmel und Erde strahlenden Ruhm des Kreuzes möge unser vom Geist der Wahrheit erleuchteter Verstand mit lauterem und freiem Herzen empfangen." Diese Worte Leos des Großen ließ Mehring in den schwarzen Marmor unterhalb des Kreuzes einmeißeln und darüber die Worte schreiben: „Der Menschheit unseres gekreuzigten Herrn Jesus Christus." 1976, im 1000jährigen Todesjahr des Erzbischofs Gero, wurde der das Gero-Kreuz bergende Altar erneuert.
Das hohe Alter und die Geschichte des Gero-Kreuzes erfüllen mich mit großer Ehrfurcht vor dem Bildwerk meines Herrn und Gottes. Man weiß heute, daß die für die Gestalt des Kreuzes verwendete Eiche um das Jahr 570 zu wachsen begonnen hat, und zwar in der Voreifel. Als sie um 965 gefällt wurde, war sie also schon 400 Jahre alt. Auch der Kreuzbalken hat ein hohes Alter. Der Baum, aus dem dieser gefertigt wurde, begann um 725 zu wachsen und wurde ebenfalls um das Jahr 965 gefällt. Geschnitzt wurde das Kreuz wohl vor 976, dem Todesjahr des Erzbischofs Gero. Jeder, der nur ein wenig Sinn für Geschichte hat, wird am Gero-Kreuz nicht achtlos vorübergehen.
Wer hat das ottonische Gero-Kreuz geschaffen? Wir wissen es nicht. Sicherlich war da nicht nur ein großer, von antiker, karolingischer und byzantinischer Kunst beeinflußter Künstler am Werk, sondern auch ein tief im christlichen Glauben wurzelnder Mensch. Das Gero-Kreuz ist nicht nur in formaler Hinsicht ein ungewöhnliches Werk von starker Ausstrahlung mit einer erstaunlichen Wirkungskraft in der Kunstgeschichte, sondern auch und vor allem ein Werk von höchster geistlicher Kraft, das einen Menschen geradezu zwingt, innezuhalten und das Mysterium des Kreuzes zu bedenken.
Erst verhältnismäßig spät hat man es gewagt, den gekreuzigten Christus darzustellen. Ausgangsort der Kreuzdarstellungen ist wahrscheinlich

Jerusalem, wo seit dem 4. Jahrhundert Pilgern das Heilige Kreuz gezeigt wurde. Christus wird mit offenen Augen, also lebendig – als Überwinder des Todes – dargestellt. Im ostkirchlichen Raum ist der Gekreuzigte mit der Tunica bekleidet, eine Darstellungsweise, die auch im westkirchlichen Raum – etwa in ottonischer Buchmalerei – zu finden ist.
Seit dem 9. Jahrhundert wird dann Christus statt mit der Tunica mit dem Lendentuch bekleidet dargestellt. Daß dieses Lendentuch beim Gero-Kruzifixus eine purpur-goldene Fassung hat, ist – ausgehend von einer realistisch verstandenen Kreuzigungsvorstellung – außergewöhnlich. Hier hängt nicht irgendjemand am Kreuz, sondern jener eine von Millionen, der bislang als mit herrscherlicher und priesterlicher Tunica und zuweilen auch mit dem Pallium bekleideter Gekreuzigter dargestellt wurde.
Eine ganz andere als die bisher überlieferte Weise, den gekreuzigten Christus darzustellen, zeigt sich beim Gero-Kreuz. Hier wird uns der Christus mit geschlossenen Augen gezeigt, der tote Christus. Es gibt Vorstufen auf Ikonen des 8. Jahrhunderts. Im Gero-Kreuz hat der tote Christus seine erste für uns faßbare monumentale Ausprägung erfahren. Die Darstellung des toten Christus am Kreuz zeigt einen Wandel in der Geschichte der Frömmigkeit und der Theologie an. Hier wird, wie es der Domherr Mehring 1683 auf den Sockel des Gero-Kreuzes schreiben ließ, wirklich und tatsächlich „Domini nostri Jesu Christi humanitati“ – „der Menschheit unseres Herrn Jesus Christus“ – also der menschlichen Natur des Gottessohnes – modern gesprochen – ein Denkmal gesetzt. Joseph Hoster schrieb 1965: „So naturalistisch und unidealisiert wird über Jahrhunderte hin der gekreuzigte Herr nicht mehr dargestellt werden.“ Der einsame Gekreuzigte „in media … ecclesiae“ (Thietmar von Merseburg) – inmitten des alten Domes stehend – muß für die Menschen des ausgehenden 10. und der beiden folgenden Jahrhunderte bis 1248 geradezu von erschütternder Bedrängnis und Kraft gewesen sein. Daß nach dem Evangelisten Matthäus beim Tode Jesu die Erde bebte und die Felsen sich spalteten, konnte hier am Kreuzaltar des alten Domes geradezu leiblich erfahren werden, da das eigene Herz wohl beim Anblick dieses Gekreuzigten erbeben konnte und mußte. Da hängt wirklich jemand am Kreuz. „Dargestellt ist der letzte physische Zusammenbruch, das letzte endgültige Durchhängen, in welchem das Martyrium am Kreuze augenblicklich wie in einem Erfüllungsmoment sich vollendet hat … Der Eintritt des

Todes ist dramatisch ‚festgehalten'. Man glaubt, die Zeit hat aufgehört und steht nun still" (Max Imdahl). „Es ist vollbracht! Und er neigte das Haupt und gab seinen Geist auf" (Joh. 19,30). Zum erstenmal in der Geschichte der christlichen Kunst unterliegt der Leib ganz der Schwere, ist er ganz materieller, geistverlassener Leib, damit aber auch ganz menschlich (H. Sedlmayr). So ist der Gekreuzigte Dokument der Menschwerdung Gottes. „Ausgeleert hat er sich selbst, Knechtsgestalt hat er angenommen; in Menschengleichheit trat er auf und ward in der Art als Mensch erfunden. So hat er sich niedrig gemacht, ward gehorsam bis zum Tod – dem Tod am Kreuz" (Phil. 2,7–8 in der Übersetzung von Fridolin Stier). „Hinabgestiegen in das Reich des Todes" bekennt die Kirche im apostolischen Glaubensbekenntnis.
Der tote Christus! Der Evangelist Johannes schreibt: „Da Rüsttag war und am Sabbat die Leiber nicht am Kreuz bleiben sollten – denn groß war jener Sabbattag –, baten die Juden den Pilatus, ihnen die Schenkel zu brechen und sie wegzubringen … Doch als die Soldaten zu Jesus kamen und sahen, daß er schon tot war, brachen sie ihm die Schenkel nicht. Einer der Soldaten vielmehr stieß mit der Lanze in seine Seite und sogleich kam Blut und Wasser heraus" (Joh. 19,31–34). Origenes, einer der großen Theologen der frühen Kirche (ca. 185–254) schreibt: „Die Speerwunde liegt in der rechten Achselhöhle." So hat es der Meister des Gero-Kreuzes denn auch dargestellt. Erinnerung an die Reise des Erzbischofs Gero nach Byzanz?
Blut und Wasser der Seitenwunde! Die Blutspur ist noch schwach erkennbar. In früher Buchmalerei findet sich die Kirche, die ecclesia, dargestellt, die zu Seiten des toten Christus stehend das Blut des Herrn in ihrem eucharistischen Kelch auffängt. Der Leib und das Blut Christi! Der gekreuzigte Christus steht für das eucharistische Mysterium: „Nehmt, eßt! Das ist mein Leib … Trinkt, … das ist mein Blut des Bundes, das für viele vergossen wird" (Mt. 26,26–28). Darum soll bei der Meßfeier auf dem Altar oder in seiner Nähe das Kreuz stehen. Das Gero-Kreuz fand sich beim Kreuzaltar des alten Domes und auch im Gotischen Dom, in der heutigen Kapelle des Heiligen Kreuzes – wie die beiden Seitenschiffe auf der Nordseite des Chores bezeichnet werden – steht zu Füßen des Gero-Kreuzes der Altar, „auf dem das Opfer des Kreuzes durch die Zeiten hindurch bis zur Wiederkunft Christi fortdauern soll" (2. Vatikanisches Konzil, Liturgiekonstitution, Art. 47). Irgendwie macht es traurig,

daß unter dem Gero-Kreuz kaum mehr Messe gefeiert wird. Dieses Kreuz wartet geradezu darauf, seiner Bestimmung zu dienen.
Der tote Christus! „Auf der Schwelle der Verherrlichung" (Joseph Hoster)! Fast alle, die über das Gero-Kreuz geschrieben haben, reden von der Hoheit dieses Gekreuzigten. Das Johannesevangelium redet von der Kreuzigung Christi als von seiner Erhöhung: „Wenn ihr den Menschen erhöht habt, dann werdet ihr erkennen, daß Ich es bin" (Joh. 8,28). Erstaunlicherweise wird in der extremen und radikalen Darstellung der Menschheit dieses gestorbenen Gekreuzigten die Göttlichkeit dieses Jesus von Nazareth erspürbar. M. Imdahl spricht vom Bild eines unnahbaren, herrscherlichen Gekreuzigten.
Da ist die Fußstütze des Gekreuzigten. Alte Berichte wissen nichts von einer Fußstütze bei einer Kreuzigung. Und doch ist sie schon bei sehr frühen Darstellungen des am Kreuz Erhöhten zu finden. Die Fußstütze als Hoheitszeichen! „Rühmt den Herrn, unsern Gott; werft euch am Schemel seiner Füße nieder! Denn er – unser Gott – ist heilig" heißt es im 95. Psalm. „Heiliger, starker, unsterblicher Gott, erbarme dich unser" wird am Karfreitag bei der Verehrung des heiligen Kreuzes gesungen.
Die Hoheit des Gekreuzigten! Da ist der Nimbus, die Glorie, Symbol göttlichen und ewigen Lebens, wohl im 12. oder 13. Jahrhundert hinter das Haupt des Gekreuzigten gegeben. Doch unter dem Nimbus liegen auf der Vorderseite des Kreuzbalkens vermutlich Reste einer ursprünglichen farbigen Fassung. Der gekreuzigte Christus ist auch der auferstandene Christus. Wäre der tote Christus tot geblieben, würde heute außer einigen Althistorikern kaum jemand wissen, was das denn eigentlich sei: ein Kreuz. Wir wissen um das Kreuz, weil es den auferstandenen Christus gibt. „Deinen Tod, o Herr, verkünden wir, und deine Auferstehung preisen wir, bis du kommst in Herrlichkeit" bekennt die christliche Gemeinde in der Mitte der Eucharistiefeier.
Die Hoheit des Gekreuzigten! Das Barockzeitalter hat den Nimbus hinter dem Haupt Christi in die Mandorla, in den mandelförmig den Gekreuzigten umgebenden Strahlenkranz ausgeweitet. Hinweis auf die Wiederkunft des gekreuzigten und auferstandenen Christus. Da, wo im Evangelium von diesem Wiederkommen die Rede ist, heißt es: „Es wird das Zeichen des Menschensohnes am Himmel erscheinen" (Mt. 24,30). Eine alte Deutung – schon faßbar in der Lehre der 12 Apostel (19,6), wahrscheinlich um 100 n. Christus niedergeschrieben – bezieht dieses

Zeichen des Menschensohnes auf das Kreuz. Tod, Auferstehung und Wiederkunft Christi! Hoheit des Kreuzes!
Hoheit des Gekreuzigten! Das Gero-Kreuz ist nicht nur wegen seines weit in die Geschichte zurückreichenden Ursprungs verehrungswürdig, sondern auch und vor allem wegen seiner inneren Größe. Das Gero-Kreuz zählt zu den Heiltümern des Domes. Anton Legner spricht von dem „großen sakramentalen und numinosen Bild des am Kreuz Gestorbenen", Richard Hamann von „außerordentlicher Wucht und Größe", Rolf Lauer von der „ungewöhnlich starken optischen Präsenz" des Gero-Kreuzes. Vielleicht noch viel mehr als heute haben das die Menschen früherer Zeiten empfunden. Thietmar von Merseburg (975–1018) weiß in seiner Chronik zu berichten, daß Erzbischof Gero, als er einen Riß im Haupt des Gekreuzigten bemerkte, „einen Teil vom Leibe des Herrn, unseres einzigen Trostes in allen Nöten" in jenen Spalt des Kreuzes eingegeben habe. Daraufhin habe Gero sich niedergeworfen und den Namen des Herrn angerufen. Als er sich wieder erhob, sei der Spalt geschlossen gewesen. Der Wunderbericht des Thietmar von Merseburg erhob das Gero-Kreuz in den Rang eines Gnadenbildes. Noch auf einem Wandbild des 13. Jahrhunderts in der Stephanuskapelle des Domes wird diese Geschichte von der „Heilung des Kreuzes" dargestellt. Eine eingehende Untersuchung des Kreuzes im Jahr 1976 erbrachte keinen Hinweis auf ein Reliquiensepulcrum im Kopf oder im Rücken des Gekreuzigten. Wie immer es sich auch mit dieser Geschichte verhalten mag, sie bezeugt jedenfalls die überaus große Verehrung, die frühere Zeiten dem Kreuz erwiesen haben. Sind wir Menschen des zu Ende gehenden 2. Jahrtausends fähig und bereit zur Kreuzverehrung? Links neben dem Gero-Kreuz, über der Tür, die zur Sakristei führt, findet sich das Votivbild eines knienden Ritters vom Ende des 15. Jahrhunderts. Die Hände zum Gebet gefaltet schaut er zum Kreuz herüber. „Der Mensch ist nie größer als wenn er kniet" (Johannes XXIII.).

VOM LEBEN IM DOM

Wir gehen mit gemessnem Schritt
wie tastend in den weiten Raum;
die Fülle, die uns längst entglitt
berührt uns wieder wie im Traum.

Nichts ist von Enge, die uns drängt,
der graue Stein drängt in die Ferne;
wir knien, wie von Gott beschenkt,
und wissen um die Macht der Sterne.

Inbrünstig nehmen wir nur hin,
was aus Altären wuchtig spricht;
ganz heimlich tut sich in den Sinn
von Gottes Überwelt ein Licht.

WAS MIR DER KÖLNER DOM BEDEUTET ...

Eindrücke und Erinnerungen von Besuchern, Betern und Beobachtern

Eine ganz eigenartige Sammlung von Gedanken und Impressionen entstand, als prominente und weniger bekannte Zeitgenossen unsere Bitte erfüllten und ihre persönlichen Eindrücke vom und im Kölner Dom niederschrieben. Kann man sich an den Dom so gewöhnen, wie die Vorfahren sich generationenlang an den Torso der unvollendeten Kathedrale gewöhnt hatten? Die Beiträge stehen dafür, daß der Kölner Dom, dieses Stück Welt- und Glaubensgeschichte in Stein, wohl nie alltäglich wird und unverwechselbare persönliche Empfindungen und Spuren hinterläßt.

Ganz allgemein ist mein Verhältnis zur Architektur sehr vom Raumgefühl bestimmt, das sie mir vermittelt. Und hier spielt der Kölner Dom für mich eine große Rolle.
Seit ich ihn zum ersten Mal betreten habe, nimmt mir sein Innenraum immer wieder aufs neue den Atem. Bei aller Gewaltigkeit hat er bei mir doch nie ein Gefühl des Erdrücktwerdens, sondern eher des Beschütztseins ausgelöst. Er verweist mich auf mich selbst, auf mein eigenes Inneres. Er ruft damit zugleich die Frömmigkeit hervor, die man in einem solchen Bau ja wohl ohnehin empfinden sollte.
Es gibt sehr wenige Bauten, in denen ich das ähnlich verspüre.

Prof. Dr. Roman Herzog
Bundespräsident

Aus der Physiognomie der Stadt ist der Kölner Dom nicht wegzudenken, an ihm hat sich städtische Identität gebildet, er ist Mittelpunkt der Stadt. Für mich ist er zu allererst ein Gotteshaus, ein Zeichen dafür, daß Christus lebt und der katholische Glaube trotz negativer Einschätzungen so mancher Zeitgenossen lebendig ist. Der Dom ist baulicher Ausdruck für die geistige Besinnung auf die religiösen Fundamente damaliger wie heutiger Zeit. Er zeigt, zu welchen Leistungen Menschen über Generationen hinweg aus ihrem Glauben heraus imstande waren. Er ist aber auch ein imponierendes Beispiel für die Kathedralen als historischem Ausdruck christlich-europäischer Kultur. Als unübersehbares Monument verkörpert er nicht nur höchste Baukunst, sondern ist immer auch ein Sinnbild überdauernder Zuwendung Gottes zu den Menschen.

Prof. Dr. Rita Süssmuth
Präsidentin des Deutschen Bundestages

Den Kölner Dom habe ich schon mehrfach als Besucher von Pontifikalämtern und anderen religiösen Feiern erlebt. Jedesmal war ich tief beeindruckt von der Atmosphäre dieses Gotteshauses. Der Kölner Dom ist für mich Zeugnis des lebendigen Glaubens vieler Generationen und zugleich eine der großen schöpferischen Leistungen abendländischer Kultur. Beide sind untrennbar miteinander verbunden: Europa wird eine gute Zukunft in Frieden und Freiheit nur dann haben, wenn es seine christlichen Wurzeln nicht vergißt. Es geht heute gewissermaßen darum, einen ökumenischen Bogen von den Klöstern und Kapellen Irlands bis hin zu den Kirchen und Kathedralen von Kiew und Moskau zu schlagen. In diesem Sinne steht auch der Kölner Dom für die Einheit unseres Kontinents.

Dr. Helmut Kohl
Bundeskanzler

Zum 750jährigen Domjubiläum werden Berufenere als ich das Gotteshaus in seiner architektonischen Schönheit und in seiner kulturhistorischen Bedeutung würdigen. Für mich verbinden sich mit dem Dom nicht zuletzt Begegnungen mit bedeutenden Kirchenführern und auch die Abschiede von ihnen. Papst Johannes Paul II. bin ich dort 1980 und 1987 bei seinen Deutschland-Besuchen begegnet. 1969 habe ich das Requiem für Erzbischof Josef Kardinal Frings miterlebt; ich war beim Einführungsgottesdienst für Erzbischof Joseph Höffner dabei, und 1987 habe ich im Dom von ihm Abschied genommen. Auch erinnere ich mich gut an den Gottesdienst zur Amtseinführung von Erzbischof Joachim Kardinal Meisner im Februar 1989. Im April 1980 fand im Dom der Trauergottesdienst für Heinrich Köppler, den damaligen Fraktionsvorsitzenden der CDU im Landtag, statt. Schließlich war ich 1992 bei einem freudigen Ereignis dabei, dem hundertfünfzigsten Jubiläum des Dombauvereins. Ich wünsche dem Kölner Gotteshaus, daß es auch in der Zukunft Menschen anzieht und ein Ort der Zwiesprache mit Gott ist.

Dr. Johannes Rau
Ministerpräsident des Landes NRW

In der Ferne: Ein Wegweiser nach Köln. Ob vom Petersberg oder von den Ahrhöhen, ob von Bensberg oder vom Niederrhein.
In der Stadt: Wie Finger, die zum Himmel zeigen. Die aber auch deutlich machen, hier ist nicht Manhattan, wo Wolkenkratzer die Silhouette bestimmen, hier ist der Dom.
Ganz nah: Ein filigranes Netzwerk von Steinen. Aber auch mit der Ziegelsteinplombe aus dem letzten Krieg.
Und schließlich innen: An Tagen, wo man sich besonders großartig fühlt, ja, sich als den Größten betrachtet, braucht man nur zwei Minuten Dom und man schrumpft auf seine natürliche Größe zurück, ja, man ist klein. Man ist in einem Gotteshaus, das uns auch deutlich macht, vor Gott sind wir alle klein.

Dr. Franz-Josef Antwerpes
Regierungspräsident

Für mich ist der Kölner Dom ein steingewordenes Symbol der katholischen Kirche: Trutzig hat er alle Stürme der Zeit überstanden. Trotz seiner imposanten und himmelstrebenden Größe ist er nie fertig geworden, ständig wird weitergebaut, verändert und renoviert. So steht er im Herzen von Köln: Tradition, Geschichte, Gegenwart, Himmel und Erde.
Wenn ich es richtig beobachtet habe, ist das Verhältnis der Kölner zu ihrem Dom ambivalent. Einerseits sind sie stolz auf ihn, andererseits ist er in seiner Größe und Bedeutung für das Kölner Herz schon fast zu unfaßbar. Das führt zu einer respektvollen Distanz, die sich, an den Buchstaben des Doms aufgehängt, vielleicht auf den Kölner Nenner bringen läßt: *D*er *O*ben *M*acht's.

Norbert Blüm
Bundesarbeitsminister

Der Kölner Dom gehört für mich zu den beeindruckendsten geschichtlichen Bauwerken auf der Erde. Er dokumentiert die besondere, nur ihm eigene Fähigkeit des Menschen, aus einem bestimmten Antrieb heraus höchste Leistungen zu vollbringen, in diesem Fall ein Gebäude zur Ehre Gottes zu schaffen.
Der Dom ist das Wahrzeichen von Köln. Er hat unsere Heimatstadt in der ganzen Welt berühmt gemacht. Es gibt kaum eine Veröffentlichung über diese Stadt, die nicht einen Hinweis auf ihren Dom enthält.
Der Dom ist seit jeher der Mittelpunkt und der Hauptanziehungspunkt in der Stadt Köln für die Bewohner und insbesondere für die vielen Besucher und Gäste aus aller Welt.
Ob aus dem Flugzeug betrachtet, beim Überqueren einer der Rheinbrücken oder aus weiterer Entfernung auf dem Autobahnring – er ragt immer aus der Kölner Stadtansicht heraus.
Wo immer man auch herkommen mag, beim ersten Erblicken der Domtürme ist der Kölner sicher: Jetzt komme ich wieder nach Hause. Der Kölner Dom ist ein Stück Heimat.

Norbert Burger
Oberbürgermeister der Stadt Köln

Vollendet und ewige Baustelle zugleich, so ist mir der Dom ein wichtiges Symbol. Die Steine sind der Vergänglichkeit ausgesetzt. Immer wieder muß an diesem Bau gearbeitet werden. Was heute geheilt scheint, ist bald wieder zerstört; beschleunigt durch die Auswirkungen menschlicher Lebensweise. Vollendet, aber ewig unvollkommen ist er – der Dom. Der menschgewordene Christus hat sich in unsere Zeit eingelassen und bewahrt uns darin vor dem Wahn des babylonischen Turmbaus. Mein Zuhause in dieser Stadt ist nicht ewig. Die Botschaft des Baues weist in die Höhe, ist geprägt durch die Botschaft, die in ihm gefeiert wird. „Wir haben hier keine bleibende Statt, sondern die zukünftige suchen wir."

Manfred Kock
Ratsvorsitzender der Evangelischen Kirche in Deutschland und Präses der Evangelischen Kirche im Rheinland

Der Kölner Dom – das war für mich schon vor meiner Kölner Zeit (1965–1979) ein Magnet. Da störten die Touristenströme noch maßvoll, und ich konnte mich ins Hauptschiff, in die Seitenschiffe stellen und „Kirche" einatmen. Für mich: Spürbarkeit des Heiligen Geistes. Auch heute noch. Aber meine größte Liebe damals wie heute gehört dem Gerokreuz. Dieser Christus leidet und ist zugleich der, der den Tod überwunden hat. Vor diesem Antlitz kann ich „versinken" und mich zugleich finden.
Und wie oft, wenn ich spät abends, nachts, nach Hause kam, von vielen Rednerterminen in vielen Orten, war dieser Dom, sobald ich ihn erspähte, Zeichen der Heimkehr. Ich fuhr auf ihn zu, und er setzte das Maß.

Dr. Hanna-Renate Laurien
ehemalige Präsidentin des Abgeordnetenhauses von Berlin

Zu meiner aktiven Zeit als Spieler und auch als Trainer gehörten und gehören Reisen zu meinem Alltag. Immer wenn ich von diesen Reisen zurückkomme und den Dom sehe, weiß und spüre ich, jetzt bist du wieder zu Hause.
Einige Male im Jahr muß ich selber im Dom gewesen sein, denn als katholischer Christ fühle ich mich dort innerlich geborgen, und ich bin von seiner Größe und Schönheit immer wieder überwältigt.
Ich sehe den Dom stellvertretend für die vielen kleinen Kirchen in ganz Köln.
Bildlich empfinde ich dieses gewaltige Bauwerk als Turm des Glaubens in einer Brandung von Unglauben und einer immer gottloser werdenden Gesellschaft.
Des weiteren stellt sich mir die Frage, wenn Menschen in der Lage waren, so etwas Großartiges zu schaffen, wie groß muß erst unser Schöpfer sein, der uns Menschen geschaffen hat.

Hannes Löhr
Langjähriger Fußballspieler des 1. FC Köln, mehrfacher Nationalspieler

Der Kölner Dom ist für mich eines der bedeutendsten Gotteshäuser Deutschlands. In ihm spiegeln sich unterschiedliche Bauepochen wider. Er ist kunstgeschichtlich sicher von unschätzbarem Wert. Aber vor allem ist der Kölner Dom ein beeindruckendes Zeichen des Glaubens. Generationen haben an ihm gearbeitet, um ein würdiges Gotteshaus zu schaffen. Man kann überall beten, aber im Köln Dom tue ich es besonders gerne.

Claudia Nolte
Bundesministerin für Familie, Senioren, Frauen und Jugend

Als Kind war ich das erste Mal im Kölner Dom. Ich sah damals die erste wirklich große Kirche. Auch heute noch beeindruckt die Größe dieses Bauwerks, dessen riesige Ausmaße den Menschen nicht zum Wurm machen, sondern ihn erheben – dank der filigranen Gotik und der Fenster, deren besonderes Farbenspiel unvergleichbar ist.

Rudolf Scharping
Mitglied des Deutschen Bundestages,
Vorsitzender der Sozialdemokratischen Bundestagsfraktion

Im Refrain des Marsches des Traditionscorps der Altstädter Köln heißt es: „Köln, wenn mer ens dingen Dom nit mie sinn, dann jonn all uns Loss un Freuden dohinn!"
Während meiner nun fast fünfundzwanzigjährigen polizeilichen Tätigkeit in unmittelbarer Domumgebung aus allen nur denkbaren Anlässen ziehe ich den Schluß, daß er mir – noch und immer wieder – „Loss un Freuden" bereitet.
Der väterlich-unerschütterliche Dom steht als Mahnmal in unserer sinnverwirrten Welt, vermittelt mir Heimatgefühl, Trost in der alltäglichen Sorgenfülle sowie Anlaß und Mut zur Selbstkritik.

Wilfried Schwartmanns
Bezirksbeamter der Kölner Polizei für das Dom-Revier

Für einen Kölner – auch wenn er in früher Kindheit nach Düsseldorf zog – ist der Dom *die* Kirche schlechthin. Der Dom, das ist nicht nur ein Gotteshaus, sondern das ist Wahrzeichen, Kommunikationsort, Wegmarke. Der Dom steht auch für „kölsche Lebensart", er lädt zum Gespräch zwischen Menschen unterschiedlicher Herkunft, sozialer Schichten und religiösen Glaubens. Darum finde ich es schade, daß die Klagemauer abgerissen wurde, die genau diesen Austausch förderte.
Schon als Kind besuchte ich den Kölner Dom. Seine Kathedralengröße machte dem Heranwachsenden gelegentlich Angst; die vielen Nischen aber trösteten ihn. Erst spät faßte ich Mut und kletterte ganz hoch hinauf – und sah über die Dächer von Köln weit ins Rheinland. Welch Unterschied zu dem, was uns moderne Fernseh- und Aussichtstürme an Atmosphäre und Weitblick bieten.
Erst seit ich Bauminister bin, finde ich Interesse an einer weiteren Eigenschaft des Doms: Er ist eine ewige Baustelle.

Dr. Michael Vesper
Minister für Bauen und Wohnen des Landes NRW

DOMLIED

Wir bauen und bilden
dem Meister, dem milden,
ein herrliches Haus.
Wir fügen und fassen
in mächtigen Maßen
die Bogen des Baus.

Wir tafeln und türmen
die Steine den Stürmen
zu Spitze und Spott.
Wir wirken und werken
dem Starken – und stärken
wird gütig uns Gott.

EIN HAUCH VON EWIGKEIT

Wenig bekannte Traditionen und Dombräuche

Was gestern modern war, ist heute oft schon überholt, vergessen, altmodisch. Mit dem Kölner Dom verhält es sich anders. Seit Jahrhunderten kommen Gläubige zu Gebet und Gottesdienst hier zusammen. Im Dom haben sich bis zum heutigen Tag Bräuche und Traditionen erhalten, deren Ursprünge oft unbekannt sind.

Wenn am Jahrestag der Einführung des amtierenden Erzbischofs die Domküster zielstrebig mit einer langen Leiter durch den Dom gehen und auf den Eingang der Domschatzkammer zusteuern, fällt das zunächst kaum auf. Daß einer von ihnen einen goldlackierten Holzstab in der Hand hat, bemerken die wenigsten. Es ist eine Sache von wenigen Augenblicken, die Leiter anzulegen, 28 Tritte hochzusteigen und den Stab an einer Stange neben die anderen zu hängen. Neugierig gemachte Dombesucher verweisen die Küster auf eine Tafel aus Holz, die unterhalb der Stangen befestigt ist. In goldenen Buchstaben steht dort geschrieben: „QUOT PENDERE VIDES BACULOS, TOT EPISCOPUS ANNOS HUIC AGRIPPINAE PRAEFUIT.“ Sinngemäß übersetzt: „Wie viele Stäbe Du hier hängen siehst, so viele Jahre residiert der Bischof von Köln.“ Für jedes Regierungsjahr des Bischofs wird Jahr für Jahr ein weiterer Stab hinzugefügt.

Viele Wissenschaftler haben sich seit der Vollendung der Kathedrale im Jahre 1880 mit dem Dom beschäftigt. Steine wurden erforscht, Skulpturen untersucht und Ausgrabungen gedeutet. Doch keiner von ihnen hat sich bislang mit den Jahresstäben beschäftigt.

Niemand weiß, woher der Brauch stammt. Unbekannt ist auch, seit wann er ausgeübt wird. Nachgewiesen ist er jedenfalls schon für das Jahr 1587. In diesem Jahr hält sich der Utrechter Arnoldus Buchelius für einige Wochen in Köln auf. In seinen Reisebeschreibungen berichtet er auch vom Dom und erwähnt dabei die Jahresstäbe: „Ich sah auch hier Stäbe aufgehängt, die die Jahre des Erzbischofs anzeigen. Nach alter Sitte werden Jahr für Jahr die Stäbe von einem Chorknaben aufgehängt, dem auf Lebenszeit sein Bedarf an Brot und Wein vom Erzbischof gestellt wird. Diese Stäbe zeigen an, wie viele Jahre der Bischof regiert hat; bei seinem Tode werden sie alle entfernt." Auch Aegidius Gelenius erwähnt in seinem 1645 erschienenen Buch „De admiranda sacra et civili magnitudine Coloniae Claudiae Agripinensis augustae Ubiorum urbis" („Über die wunderbare Größe Kölns") diesen Brauch. Er notiert für das Jahr 1645 sogar 33 Stäbe für die Amtszeit Ferdinands von Bayern, der von 1612 bis 1650 Erzbischof von Köln war.

Damals allerdings befanden sich Tafel und Stange an einer anderen Stelle im Dom. Sie muß auch länger gewesen sein und mehr Platz für goldene Jahresstäbe geboten haben als die heutige. So erklärt sich auch, daß die Küster gegen Ende der Amtszeit von Kardinal Frings Schwierigkeiten hatten, dessen 26 Jahresstäbe unterzubringen.

Ein anderes Problem trat zu Beginn der Amtszeit von Kardinal Joseph Höffner auf. Kurz nach seiner Einführung soll der neue Erzbischof seinen ersten Stab gewünscht haben. Nur nach Zureden sei es dem späteren Dombaumeister Professor Arnold Wolff gelungen, den Erzbischof davon zu überzeugen, daß der erste Jahresstab erst nach Vollendung des ersten Amtsjahres aufgehängt werden dürfe. Schließlich besage dies auch die Inschrift.

Ein anderer Brauch im Kölner Dom ist die Tradition, die sich mit dem Namen „Emundus" verbindet. Sie ist historisch belegt.

Am dritten Pfeiler im nördlichen Seitenschiff hängt eine Marmortafel mit lateinischer Inschrift. In der deutschen Übersetzung lautet der Text: „Einst war ich weithin berühmt und ward Graf Emundus benannt. Tot liege ich ausgestreckt hier, begraben, so wie ich es wollt. Dir bringe, heiliger Petrus, mein Friesheim, die Grafschaft, ich dar. Gib mir dafür einen Platz im Himmel, so bitte ich dich. Dies Fundamentes Gestein bedeckt des Grafen Gebein."

Archäologische Untersuchungen nach dem Zweiten Weltkrieg lassen den Schluß zu, daß die Gebeine des im Jahre 825 urkundlich erwähnten Grafen in dem Fundament dieses Dompfeilers bestattet sein könnten. Als mit dem Bau des gotischen Doms begonnen wurde, sah der Bauplan genau an der Stelle des Emundusgrabes einen Pfeiler vor. Noch heute kann man in den Ausgrabungen an dem entsprechenden Pfeilerfundament einen

zur Hälfte abgeschnittenen Sarkophag erkennen. Die andere Hälfte mußte dem mächtigen Pfeilerfundament weichen. Emundus hatte dem Dom eine bedeutende Stiftung vermacht, unter anderem die Herrschaft Friesheim bei Erftstadt und eine kostbare Handschrift.
Seine Schenkung hatte Emundus nicht ohne Verpflichtung gemacht. Am Tag des Jahrgedächtnisses – Emundus starb am 16. November – sollten die rotgekleideten Domherren einen festlichen Gottesdienst feiern und am Grab vier Leuchter aufstellen. Zugleich verband er die Stiftung mit einem „Mahl". Im Anschluß an den Gottesdienst sollte zur Erinnerung an den Stifter ein „Convivium rufum", ein rotes Festmahl, für die Domgrafen stattfinden. Bei diesem Emundusmahl wurden lediglich roter Wein und Brot aufgetischt.
Über Jahrhunderte wurde die Stiftungsverpflichtung eingehalten. Mit der Säkularisation und der damit verbundenen Auflösung des Domkapitels im Jahre 1803 geriet der Brauch in Vergessenheit. Heute wird wieder im November ein Emundussmahl gehalten. In den fünfziger Jahren erklärten Dompropst Gielen und Domcustos Professor Hoster den Spitzen des Landschaftsverbandes bei einer Führung die Bedeutung der Inschrift und die Geschichte des Grafen Emundus. Spontan regte der damalige Landesdirektor an, am Gedenktag des Emundus wieder ein „Convivium rufum" zu veranstalten. Die Tradition wurde zu neuem Leben erweckt. Allerdings nehmen jetzt an diesem Mahl, das im Wechsel vom jeweiligen Dompropst und dem Direktor des Landschaftsverbandes veranstaltet wird, Vertreter von Kirche, Politik und Wirtschaft teil. Um dem Namen gerecht zu werden, muß jeder Teilnehmer mit wenigstens einem roten Kleidungsstück zum Festmahl des Grafen Emundus erscheinen.
Mit Gottfried IV. von Arnsberg verbindet sich eine andere alte Sitte. Als einziger weltlicher Fürst wurde er 1371 im Dom in einem Hochgrab bestattet. Graf Gottfried war ein Wohltäter des Erzbistums. Gewissermaßen als Zeichen des Dankes wurde er im Dom beigesetzt. Weil der Graf kinderlos blieb, schenkte er dem Erzstift Köln seinen ganzen Besitz mit Ausnahme von 1000 Morgen Laubwald. Den vermachte er der Stadt Neheim. Deren Bewohner hatten stets treu zu ihm gehalten. Allerdings verband der Graf diese großzügige Schenkung mit der Bedingung, daß die heute zu Arnsberg gehörende Stadt sich verpflichtet, alljährlich für ihn und seine Gattin zwei Seelenmessen lesen zu lassen. Anschließend

werden an drei Stellen der Stadt, dem Wunsch des Grafen folgend, süße Milchbrötchen an Arnsberger Kinder verteilt.
Als Dank für die Großzügigkeit Gottfrieds findet seit über 600 Jahren am 29. September das sogenannte „Grafenbegängnis“ statt. An diesem Tag kommt eine Abordnung der Stadt Arnsberg in den Dom, um am Grab Gottfrieds IV. einen Kranz mit der Aufschrift „Dem Grafen Gottfried von Arnsberg – Die dankbare Stadt Arnsberg“ niederzulegen.
In der Johanneskapelle, wo Erzbischof Konrad von Hochstaden ruht, der 1248 den Grundstein für den Neubau des gotischen Domes legte, wird jedes Jahr am 8. November um 11 Uhr die „Boisseréemesse“ gefeiert. Am Fest der „Vier Gekrönten“, den Schutzpatronen der Steinmetzen, gedenken alle am Dom beschäftigten Frauen und Männer in einem Gottesdienst Sulpiz Boisserées. Wie kein anderer hat er sich im letzten Jahrhundert um den Weiterbau des Doms gekümmert. „Zum Andenken meiner Theilnahme am Dombau“ gab Boisserée in seinem Testament vom 20. September 1851 genaue Anweisungen über die Gestaltung der von ihm gestifteten Messe. So sollte in „einer kurzen Anrede sämtlicher Bau- und Schutzherren im Allgemeinen, des Cardinal-Erzbischofs von Geissel und des König Friedrich Wilhelm IV. jedoch namentlich, sofort der Dombau-Vereine, sämtlicher Bau-Meister und Bauleute, die an dem großen Werk gearbeitet haben und noch daran arbeiten, mit Dankbarkeit und frommen Wünschen für die Seelenruhe der Verstorbenen sowie für das Wohl und die Erhaltung der Lebenden gedacht werden.“
Eigentlich sollen die Dombauleute zur „Boisseréemesse“ nach dem Willen des Stifters „zur Erhöhung der Feierlichkeit“ mit ihren Werkzeugen erscheinen. Darauf wird weitgehend verzichtet. Die Ausstattung der Johanneskapelle hat Boisserée ebenfalls genau festgelegt: „Auch soll der Altar festlich mit Crucifix, Leuchtern usw. geschmückt werden, und soll die Bildsäule auf dem Grabmal des Erzbischofs Conrad von Hochstaden, als des ersten Bauherrn, an der Stirn und am rechten Arm mit Kränzen von Lorbeer und frischen Blumen geschmückt werden und soll den ganzen Tag damit geschmückt bleiben.“
Bis heute wird Boisserées Vermächtnis erfüllt.

DOMBAU-WERKGESELLENLIED

(Zuerst veröffentlicht in der „Kölnischen Zeitung“ vom 29. April 1841)

Wenn am Dom der Chor erglüht,
Frühmeß-Glocken klingen,
Laßt das Werkgesellenlied
Himmelauf sich schwingen.
Forme dich, du fester Stein,
Sollst ein stark Geäste sein,
Und ein Laubgewinde fein
Soll dich zart umschlingen.

Forme dich zum Baldachin,
Drunter Engel wachen,
Zeige, wie die Laster fliehn
In Gestalt von Drachen.
Vor den Engeln, sanft und gut,
Schaudert solcher Höllenbrut,
Und sie speiet trübe Flut
Aus gesperrtem Rachen.

Mancher meißelt in der Welt,
Suchet, wie er mehre;
Was uns Brüder hier gesellt,
Ist zu Gottes Ehre.
Darum rüstig dran und drauf,
Immer hoch und höher auf
Bis zum höchsten Blüthenknauf,
Nach des Meisters Lehre!

Was die Alten vorgethan,
Herrlich ist's zu schauen;
Meister Zwirner weiß den Plan
Weiter fortzubauen:
Er ist unsrer Hütte Zier,
Was er heischt, dem folgen wir,
Fördern dort und schaffen hier,
Schenken ihm Vertrauen.

Achtet hoch die reiche Köln
Alter Zeiten Sitte,
Stehen ja die Werkgesell'n
In der Ehren Mitte:
Jeder Stein am heil'gen Haus,
Jede Schlingung, zart und kraus,
Spricht für alle Zeiten aus:
Preis der Dombau-Hütte!

Geht ein Mädchen blickgesenkt
Zu des Altars Schwelle,
Stolz sie von dem Liebsten denkt –
Der ist Werkgeselle:
Was er pflanzt, verkümmert nicht,
Rankt und strebt zum Sonnenlicht;
Grüßend schaut sein Angesicht
Ueber Stadt und Welle.

Und so oft das Lied erschallt,
Regen wir die Hände,
Daß der Eintracht Allgewalt
Unsern Dom vollende.
In der schlanken Säule Kreis,
Die der Mann geschafft mit Fleiß,
Betet einst der müde Greis
Um ein selig Ende.

PERSPEKTIVENWECHSEL

Meditation zwischen Bahnsteig und Sakramentskapelle

Wer wiese das berauschende Getränk der Fortbewegung zurück – Verheißungen der Lautsprecher, rollende Züge, augenfeine Rohkost von Magazinen und Illustrierten; das Gefühl, mitten unter Reisenden zu sein? Gegen Handys, Laptops, Ledertaschen und Koffer kann eine gotische Kapelle wenig ausrichten, zumal dann, wenn sie den Gleisen gegenüberliegt. Neben der Geschäftigkeit einer Bahnhofskathedrale nehmen sich Menschen mit etwas Zeit für ein Gebet schnell wie Müßiggänger aus. IC's und EC's fahren wenige Meter jenseits von Spitzbögen und Fialen am lieben Gott vorbei, der sich so diskret hinter die Buntfenster zurückgezogen hat. Denn vor dem bemalten Glas im Innern endet der Bahnhofslärm. Bänke knarren, wenn sich Menschen auf ihre Knie niederlassen, und Kleider rascheln. Kaum ein Hüsteln unterbricht die Stille, die auf den Eintretenden einstürzt wie Wasser. Vergebens wehrt sich der Kleine Hävelmann, der noch immer wie im Märchen mit seinem Gitterbett durch die Welt rollt, ohne vom Halten wissen zu wollen, gegen lautlose Ruhe.

Erst wenn der Zeitgenosse seinen Widerstand aufgegeben hat, wird ihm das Geschenk des abgemessenen Raumes zuteil. Lange weigern sich Zehen und Finger, Arme und Augen, nichts mehr zu wollen. Dann geben sie nach. Eine Ampel leuchtete über zwei Holztüren, die hinter dem Eintretenden zugefallen sind. Nun ist er in die Stille eingeschlossen wie eine Fliege im Bernstein. Wie schwer scheint es doch, seine Hände auf die Knie zu legen und nichts als dazusitzen – unter den Gewölben herrscht ein fremdes Zeitmaß. Ein Rosenkranz gleitet durch die Finger, und das Gesicht einer jungen Frau vergräbt sich tief in die aufgestützten Hände. Sie kniet, und nur ihre Schultern verraten, daß etwas in ihr vorzugehen scheint.

Der Schemafigur auf Bahnsteig Zwei mit einem Fahrplan in den Eingeweiden steht das Wort „Willkommen" auf den Leib geschrieben. Dem

Pfeiler in der gotischen Kapelle fehlt ein solches Schild, und doch weist der kleine Barock-Altar in der Achse des Raums keinen zurück.
Längst hat der IC 523 den Bahnsteig Drei pünktlich um 16 Uhr 54 in Richtung Bonn verlassen. Langsam schob sich seine rot-silberne Wagenreihe vor das kleine Nebengewächs des Doms, in dem einige Zeitgenossen, die es nicht besser wissen, die Stille hüten, vielleicht ihre Lippen bewegen oder, den Mund fest geschlossen, auf einen schmalen Altar blicken, in dessen Glasvitrine eine Monstranz steht. Die runde Scheibe der weißen Hostie zieht den Blick auf sich. Hinter den Fenstern dreht sich das Zeitrad, leeren und füllen sich Züge – Frankfurt, Kiel, Hamburg, Berlin, Hannover, Brüssel, Paris –, schließen sich Ankommer und Warter in die Arme, richten sich forschende Augen auf die Zifferblätter goldener und silberner Armbanduhren, um einen ICE zu erspähen, der bereits vor zehn Minuten abfahren sollte. Standbeinwechsel, Unruhe in den Knochen, Handys werden bedient. Gegen die Tagesgläubigen der Bahnhofskathedrale haben stillsitzende und ruhig kniende Menschen wenig Chancen – sie bleiben hinter der Zeit zurück.
Doch trotzdem steht auf der gegenüberliegenden Seite des Nachbarbahnsteigs dieses gotische Haus aus dem dreizehnten Jahrhundert, wie schutzsuchend an den Dom gelehnt, dessen Türme und gewaltiges Schiff aus dieser Stadt nicht wegzudenken sind. Die bunten Fenster der Sakramentskapelle leuchten goldgelb, stahlblau, gelbbraun, in stumpfem Grün und sattem Rot. Sie reden von Jesus Christus – seinen Wegen über diese Erde und seiner Himmelfahrt: „Wird gekrönt und gegeißelt." „Wird ans Kreuz genagelt und hängt daran." „Erscheint der Magdalena." Augen blicken auf und Münder schweigen sich aus; Bänke knarren, Kleider rascheln, kaum ein Hüsteln vertreibt die Ruhe. Nein, hier findet der „Weltmarkt Köln" nicht statt.
Der IC 523 trägt den Namen „Westfälischer Friede". Der Friede mit der Nummer 523 dürfte schon Koblenz passiert haben. In der Sakramentskapelle herrscht noch immer die Stille.

ZEITMASS

Wer einen Dom zehnmal gesehen hat,
hat etwas gesehen.
Wer zehn Dome einmal gesehen hat,
hat nur wenig gesehen.
Wer eine halbe Stunde
in hundert Domen verbracht hat,
hat gar nichts gesehen.

DER BISCHOF MIT DER GEIGE

Der Kölner Dom und die moderne Kunst

Das erste Werk einer etwas neueren Kunstrichtung im Kölner Dom war die 4 m hohe Figur des Erzengels Michael aus rohem Eichenholz von Georg Grasegger, die 1919 als Totengedenkmal für die Gefallenen des Ersten Weltkrieges aufgestellt wurde. Trotz der eigenwilligen Formensprache besaß die riesige Engelsgestalt mit ihrem reich gefältelten Gewand, die sich, wie ein damaliger Kritiker feststellte, „würdig in den Rhythmus der historischen Architektur wie der Plastik einfügt", genug Übereinstimmung mit der neugotischen Plastik der Pfeilerfiguren, so daß ein echter Bruch nicht empfunden wurde.
Auch als das Domkapitel 1932 einen Wettbewerb für eine Statue des hl. Josef ausschrieb, entschied es sich für den konservativsten Entwurf, den Otto Bussmann aus Düsseldorf dann 1935 in Lindenholz mit schütter vergoldeter Oberfläche ausführte. Das solide, von den Gläubigen sofort vorbehaltlos angenommene Werk war nicht dazu angetan, in womöglich schockartiger Weise den Einbruch der modernen Kunst in den Dom zu signalisieren.

KRIEGSZERSTÖRUNG ALS AUSLÖSER

Dies geschah erst dreizehn Jahre später und unter völlig veränderten Vorzeichen. In der Zwischenzeit war nämlich nicht nur das Dritte Reich mit seinem Terror und seinem verbrecherischen Krieg untergegangen, sondern auch der Dom in grausamer Weise geschädigt und für den Gottesdienst unbrauchbar gemacht worden. Sogleich nach Kriegsende begann der Wiederaufbau, der zunächst die Nutzbarmachung des Chores bis zum 15. August 1948, dem 700. Jahrestag der Grundsteinlegung, zum Ziele hatte. Der neue Dombaumeister Willy Weyres organisierte unter unsäglichen Mühen einen Baubetrieb, der bald trotz des Mangels an allen

Enden auf Hochtouren lief. Er schaffte es tatsächlich, den Chor bis zum Dombaufest fertigzustellen und damit das erste große Fest in Deutschland nach dem Kriege zu ermöglichen. Weyres hatte sich bereits bei diesem ersten Bauabschnitt keinesfalls mit bloßen Reparaturarbeiten begnügt. Für ihn war die Arbeit am Dom immer zugleich Weiterbau der Kathedrale, der für ihn selbstverständlich im Zeitstil zu erfolgen hatte. Das bedeutete unabweisbar die Öffnung des Domes für die moderne Kunst.
Erstes sichtbares und weithin aufsehenerregendes Beispiel hierfür waren die vier großen, mit farbigen Glasmosaiken durchsetzten Bronzeportale von Ewald Mataré an der südlichen Querhausfassade, von denen die beiden mittleren, die Bischofs- und die Papsttür, bereits zum Domjubiläum eingesetzt werden konnten. Sie zeigten eine radikale Abkehr von der Gestaltungsweise ihrer neugotischen Vorgänger, denn Mataré stellte die inhaltliche Aussage in den Vordergrund. Mächtig wölben sich die Wappen der gerade regierenden Kirchenfürsten vor, womit der Bezug zur Gegenwart geradezu provokativ herausgestellt wird. Pelikan und Hahn stehen für Hingabe und Wachsamkeit, sieben Kölner Heilige für die Gaben des Heiligen Geistes. Vor dem Hintergrund der gerade überwundenen Schrecken gewinnen diese Themen den Rang eines Programms für die künftigen Aufgaben des christlichen Volkes. Gleichzeitig wurde auch die neue Orgel fertig, für die Weyres an der Ostseite des nördlichen Querhauses eine Empore in moderner Betonkonstruktion errichtet hatte. Die Untersichten ließ er von Peter Hecker, dem bedeutendsten rheinischen Kirchenmaler jener Zeit, mit Fresken schmücken.
Daneben betätigte Weyres sich auch selbst als ausübender Künstler am Dom. Für Kardinal Frings schuf er 1952 einen neuen Thronsitz, den Domschreiner Rücker in massivem Kirschbaumholz ausführte. Auf den Wangen gestalteten die Bildhauer Ewald Bell und Gerd Stoll die Schlüsselübergabe Christi an Petrus und die Erweckung des ersten Kölner Bischofs Maternus durch die Berührung mit dem Petrusstab. Als Architekt baute Weyres zwischen 1958 und 1960 unter dem Chor die Grablege der Erzbischöfe mit westlich anschließender Krypta. Sie hat die Gestalt einer dreischiffigen frühromanischen Stufenhalle mit gewölbten Seitenschiffen und einer Flachdecke im Mittelschiff, die Erlefried Hoppe mit einem Kalkstuckrelief versah. 1959 erweiterte er das Sakristeigebäude um zwei Joche nach Norden und fügte im Osten ein reizvolles Chörchen aus den damals sehr beliebten durchbrochenen Serienelementen an, die

Priesterweihe im Dom, aufgenommen vom Triforium in Höhe des Westfensters

Ein Jahresstab wird aufgehängt.

Weihe der heiligen Öle durch Kardinal Meisner in der Chrisam-Messe der Karwoche.

Aus der Fronleichnamsprozession 1997.

er jedoch nicht wie üblich aus Beton, sondern, ein Unikat in der modernen Architektur, aus Naturstein fertigen ließ.
Alle diese frühen Werke wurden vom Publikum wohlwollend, ja freudig aufgenommen. Es finden sich keine Stimmen der Ablehnung, wie sie in ähnlichen Fällen oft genug und mit großer Heftigkeit vernommen wurden. Das mag mit der moderaten Formensprache zu tun haben, ist aber sicherlich auch dem Umstand zuzuschreiben, daß in der ersten Nachkriegszeit alle neuen Kunstäußerungen als Zeichen für die Befreiung vom Gesinnungsterror des Dritten Reiches empfunden und damit akzeptiert wurden.
Nach dem Domjubiläum von 1948 konnte man sich endlich der Reparatur der gewaltigen Schäden im Westteil widmen. Dabei wurden die reinen Architekturformen von den Steinmetzen der Dombauhütte geometrisch exakt den zerstörten Vorbildern entsprechend nachgebildet. Doch bei den freigestalteten Bauteilen, den Krabben, Kreuz- und Kriechblumen, den Auffangfigürchen und den Laubkonsolen ließ Weyres die Bildhauer neue, selbsterfundene Werke schaffen. So entstanden in den restaurierten Bereichen zeittypische Kolonien junger, frischer Bildhauerkunst, die sich harmonisch in den Gesamtbestand der Kathedrale einfügen und erst auf den zweiten Blick als moderne Zutaten zu erkennen sind.
Dies zeigte sich besonders bei den Schlußsteinen der zehn eingestürzten Hochschiffgewölbe. Bereits 1949 bis 1951 ließ Weyres die Bildhauer H. Paul Simon und Erlefried Hoppe vier Schlußsteine von je einem Meter Durchmesser für das nördliche Querhaus schaffen, in denen statt des neugotischen Laubwerkes heilige Kölner Erzbischöfe erscheinen. Die Reihe wurde 1953 bis 1956 mit sechs Schlußsteinen im Langhaus fortgesetzt, an denen neben Erlefried Hoppe noch Carl van Ackeren und Toni Zenz mitwirkten.

VOR DEM VATIKANISCHEN KONZIL

Im Jahre 1956 konnte anläßlich des Katholikentages endlich auch das Langhaus, seit 1948 hinter einer Trennwand abgesperrt, dem Gottesdienst zurückgegeben werden. Dabei erwies es sich bald nach den Feierlichkeiten, daß die Ordnung der Vorkriegszeit nicht mehr dem Verständnis der Gläubigen entsprach, die sich von dem tief im Chor am alten Hochaltar vollzogenen Meßopfer ausgeschlossen fühlten. So begann man mit Versuchen, den Altar näher an die Teilnehmer des Gottesdienstes heranzubringen, und

zwar in die Vierung, die sich damit mehr und mehr auch zum liturgischen Mittelpunkt des Domes entwickelte, obwohl dies mit den damaligen kirchlichen Vorschriften nicht immer ganz im Einklang stand. Schließlich aber wirkten die im Dom erprobten Neuerungen auf die Gesamtkirche und auch auf die Beschlüsse des 2. Vatikanischen Konzils (1962–1964) ein. Noch vor dessen Beginn hatte Weyres zusammen mit dem Bildhauer Elmar Hillebrand die neue Altarinsel in der Vierung geschaffen, die bald zum Vorbild für die Neuordnung der liturgischen Zentren in zahllosen anderen Kirchen in der gesamten katholischen Welt wurde.
Hillebrand war damit zum führenden Künstler für neue Ausstattungswerke im Dom geworden. Bereits 1960 wurde sein Vierungsaltar aus durchbrochenen Bronzeplatten mit eingefügten grünen Marmorkugeln aufgestellt, der von einer 1,2 x 1,78 m großen Platte aus italienischem Cipollino bedeckt wird. Dazu kamen vier 1,95 m hohe Standleuchter, ebenfalls in Bronzeguß, für je drei Kerzen, wie der Altar mit Trauben und Weinblättern als Hinweis auf die Eucharistie umschlungen, und eine Schranke aus Edelholz auf Bronzeständern. 1964 fügte er das Sakramentshaus hinzu, eine 4,2 m hohe Stele aus Kalkstein und Marmor, über und über von reich durchbrochenem Laubwerk bedeckt. Die Tabernakeltür aus Bronze zeigt in flachem Relief Szenen zum eucharistischen Geschehen, die in eine weite Architektur im Sinne der Vierung der Kathedrale von Ely in England eingebunden sind. Danach folgten bis 1973 noch ein Lesepult aus Bronzeguß und ein Gabentisch.

MODERNE KATHEDRALPLASTIK AM AUSSENBAU

Die schon erwähnte freie Behandlung der plastischen Formen bei der Wiederherstellung der zerstörten Außenarchitektur nahm seit etwa 1952 einen immer größeren Stellenwert ein. Am mittleren Fenster der Langhaus-Südseite, das in seinem oberen Teil völlig zerstört worden war, wurden statt des Laubwerkes Engel mit Musikinstrumenten angebracht, die dort ein Konzert zu Ehren der Gottesmutter Maria aufführen. Die Bildhauer waren Gerd Stoll und Ewald Bell.
Es folgte die Arbeit an den Portalen der Westfassade, an denen zahlreiche Figuren beschädigt oder vernichtet worden waren. Erlefried Hoppe ersetzte bereits 1956 die neun Engel über dem Westportalgiebel durch Neuschöpfungen. Am nördlichen Westportal, dem Dreikönigenportal,

teilte er sich die Erneuerung an den dortigen sechs Engeln mit Klaus Iserlohe. Besonderes Aufsehen aber erregten die vier großen Standfiguren von Elisabeth Baumeister-Bühler, von denen eine, die Königin von Saba, geradezu populär wurde.
An den zahlreichen übrigen Skulpturen besonders im nördlichen Bereich der Fassade waren außer den genannten noch die Bildhauer Claus Petersen, Ewald Bell und Werner Meurer beteiligt. Die beiden letzteren schufen ab 1962 auch einen großen Teil der Plastik am Bonifatiusportal, dem östlichen Portal der Nordfassade, an dem schließlich noch Engelbert Davepon, Erlefried Hoppe, Carl van Ackeren und Karl Hölzl mitwirkten. Hier dauerten die Neuschöpfungen bis etwa 1970 an und hörten danach allmählich auf.
Eng mit Erlefried Hoppe ist auch die Neugestaltung des Dachreiters verknüpft. Dieser über 110 m hohe Vierungsturm des Domes war in den Jahren 1855–1861 von Dombaumeister Zwirner als Eisenkonstruktion aufgerichtet und mit reichem neugotischem Zinkdekor versehen worden. Die Bomben des Zweiten Weltkrieges rissen viele Teile hinweg. Nur die solide Eisenkonstruktion des Grundgerüstes überstand, wenn auch vom Rostfraß angenagt, die Zeiten. Zwischen 1958 und 1968 mußte der gesamte neugotische Schmuck mit Ausnahme des Sternes, der Kreuzblume und der Maßwerkbrüstung abgenommen und durch eine von Dombaumeister Weyres neu entworfene Bleiverkleidung ersetzt werden. Erlefried Hoppe gestaltete die acht riesigen Engel mit weit ausladenden Flügeln, die die Krone des Turmes umstehen. Zweifellos ist die Umgestaltung des Dachreiters, die äußerlich einem völligen Neubau gleichkommt, der stärkste Eingriff in die Gesamterscheinung der Kathedrale. Sie ist nur aus der Grundhaltung der damaligen Denkmalpfleger-Generation heraus zu verstehen, die einerseits die Neugotik für schlechte Kunst (oder eher noch für überhaupt keine Kunst) hielt und jede kopistische Wiederherstellung als einen Verrat an der Gegenwart betrachtete, andererseits genügend Selbstbewußtsein besaß, um sich derartig grundlegende Abänderungen des ursprünglichen Konzeptes eines einzigartigen Kunstwerkes zuzutrauen.

MALEREI

Oben war bereits erwähnt worden, daß Peter Hecker die Untersichten der von Weyres entworfenen Betonpilze der Orgelempore bemalt habe.

In der Hektik der Domfestzeit von 1948 waren aber von den acht Feldern nur zwei fertiggestellt worden, in denen die heilige Caecilia und Papst Gregor der Große dargestellt waren. Erst 1962 erhielt Hecker den Auftrag, auch die übrigen Felder zu bemalen. Daraufhin entfernte er zunächst seine beiden alten Bilder und trug dann eine großangelegte neue Komposition auf, die, der Zweckbestimmung der Empore gemäß, die Rolle der Musik im Alten und im Neuen Testament würdigt. Um das Lamm in der Mitte, umgeben von Cherubim und Seraphim, Sonne, Mond und den vier Lebenden Wesen, stehen die großen Sänger, die es preisen: im Alten Bund David, Salomon und Zacharias, im Neuen Maria, Gregorius und Chrysostomus. Über der Treppe zur Krypta erscheint als Hinweis auf die Entstehungszeit Kardinal Frings mit der Geige.

GLASMALEREI

Vor dem Kriege besaß der Dom eine zwar aus verschiedenen Zeitaltern stammende, aber insgesamt vollständige, ja man kann sagen einheitliche Ausstattung mit gemalten Glasfenstern. Um sie vor Zerstörung zu bewahren, nahm man im Kriege zunächst die mittelalterlichen Scheiben heraus, danach auch einige des 19. Jahrhunderts. Was nicht ausgebaut wurde, ging restlos verloren. Erst nach 1952 begann man neue Fenster zu schaffen, wobei vor allem Dombaumeister Weyres selbst die besten der zahlreichen ornamentalen Glasgemälde im Lang- und Querhaus zu verdanken sind. Aus dem gleichen Maßkanon entwickelt, aber untereinander alle verschieden, verleihen sie den hochragenden Raumteilen eine eigene Stimmung, indem sie sie mit vibrierendem Licht erfüllen. Dabei steigerte Weyres sich ständig und erreichte zuletzt ein Niveau, das man bei den meisten Werken der damaligen Zeit vergeblich sucht. Über den Türen zur Sakristei und in unmittelbarer Nachbarschaft zum Gero-Kreuz gelangen ihm zwischen 1961 und 1965 Werke von ungewöhnlichen Formen, in denen sich hochgotische Motive in freier Weise mit modernen, vegetabilischen Elementen in zart abgestimmter Farbigkeit verbinden.

Außer Weyres haben verschiedene andere Künstler Glasgemälde im Dom gestaltet. Den Anfang machte Wilhelm Rupprecht aus Fürstenfeldbruck, dessen vier heilige Kölner Bischöfe Bruno, Gero, Heribert und Engelbert als Geschenk des Deutschen Städtetages im August 1956 in der

Engelbertkapelle eingesetzt wurden. Weit mehr Aufsehen jedoch erregten das nur einen Monat später übergebene Piusfenster von Wilhelm Geyer in der Marienkapelle, das die vier letzten Pius-Päpste zeigt, jeden unter einer symbolischen Darstellung der wichtigsten heilsgeschichtlichen Entscheidung seines Pontifikates stehend.
In der Begeisterung des Dombaufestes von 1948 entstand auch die Idee, die Kölner Schulkinder ein Fenster für den Dom stiften zu lassen. Doch die Mittel kamen nur sehr langsam zusammen. Erst 1966 wurden die ersten Scheiben des von Bernhard Kloß entworfenen Kinderfensters eingesetzt, das aufgrund des von Dompropst Hecker verfaßten Programms sehr kleinteilig und figurenreich ausfiel. Das große Nordfenster, 1948 von der Stadt Köln gestiftet, kam ebenfalls nur sehr mühsam zustande. Heinrich Campendonk erhielt nach zwei Wettbewerben als erster den Auftrag, kam aber über Probescheiben nicht hinaus. Auch Wilhelm Teuwen starb über der Ausführung, konnte aber immerhin die Scheiben des Couronnements und des Triforiums fertigstellen, die 1973 eingesetzt wurden. Inzwischen waren die sechs großen Standfiguren des ursprünglichen, 1865 von Friedrich Baudri geschaffenen Fensters wieder aufgetaucht, und die Dombauverwaltung, die sie sofort restaurieren ließ, bestand auf ihrer Rückführung. Der unangenehmen Aufgabe, zwischen dem 19. und dem 20. Jahrhundert vermittelnd einzugreifen, unterzog sich Hubert Schaffmeister, dessen subtilem Einfühlungsvermögen es zu verdanken ist, daß das Fenster trotz seiner heterogenen Elemente auf den heutigen Betrachter als künstlerische Einheit wirkt.

TÜREN, TORE UND GITTER

Über einen Zeitraum von mehr als drei Jahrzehnten hinweg schuf der Bildhauer Paul Nagel auf gleichbleibend hohem Niveau schöne Türen und Geländer aus Schmiedeeisen für die Krypta, die erzbischöfliche Gruft und die Ausgrabung. Daneben fertigte er Gitter für den Schutz eines Hochgrabes, zur Einfriedung von Treppenabgängen, einen Blätterkranz für das ewige Licht über der Tür der Sakramentskapelle und ein Gehäuse für eine mittelalterliche Pietà. Sein größtes Werk ist das 1996 aufgestellte über 50 m lange Gitter an der südlichen Querhausfassade, ein wahres Meisterwerk moderner Schmiedekunst.

SCHLUSSBETRACHTUNG

In diesem Beitrag konnten nur die wichtigsten Werke neuerer Kunst im Dom erwähnt werden. In Wirklichkeit wären sehr viel mehr Werke aufzuzählen, darunter so bedeutende wie der Einband des Perikopenbuches von Hanns Rheindorff von 1952 und das 1957 geschaffene Kreuzreliquiar von Elisabeth Treskow in der Schatzkammer, die Porträts der Erzbischöfe, die Paramente und der große Dekanatsteppich von Peter Hecker, die Brüstung der Orgelbühne von Manfred Saul, der Tabernakel der Marienkapelle von Carl van Ackeren und nicht zuletzt die IX. Kreuzwegstation, der 3,50 m hohe Osterleuchter und die Gedenktafel an den Papstbesuch vom 15. November 1980 von Elmar Hillebrand und viele andere mehr.

In jüngerer Zeit sind neue Werke im Dom seltener geworden. Das liegt gewiß nicht nur daran, daß der Bedarf inzwischen weitgehend gedeckt ist, daß fast alle Fenster ihre Glasgemälde haben und die Schränke der Sakristei mit Paramenten, die der Schatzkammer mit Kelchen und Monstranzen gefüllt sind, denn dies war noch nie ein Argument gegen zeitgenössische Ergänzungen bei der Kirchenausstattung. Vielmehr hat sich die Auffassung von dem, was einem ehrwürdigen Gesamtkunstwerk, wie es der Dom nun einmal darstellt, an Zutaten unserer Zeit zugemutet werden darf, grundlegend gewandelt. Dazu kommt die Erkenntnis, daß die Werke des 19. Jahrhunderts, die von der ersten Nachkriegsgeneration generell verachtet und zum Teil gnadenlos vernichtet wurden, in unseren Tagen wieder ein höheres Ansehen genießen, was ihren Ersatz durch neue weitgehend ausschließt. Doch damit ist nicht gewährleistet, daß die Gegenwart am Dom keine Spuren hinterläßt. Gerade die Würdigung des Vorhandenen, die Vermeidung unnötiger Zutaten, die Ergänzung auffälliger Lücken im Sinne der älteren Stilrichtungen und die sorgsame Pflege aller im Laufe der Zeit an den Dom gekommenen Werke, unabhängig von ihrem Alter und ihrer mehr oder weniger zufälligen augenblicklichen Wertschätzung, wird vielleicht einmal als der wertvollste Beitrag des späten 20. Jahrhunderts zum Bestand des Kölner Doms betrachtet werden.

PLÖTZLICH SCHNATTERTEN ENTEN AM FUSS DES DOMS

Vom sagenhaften Ende des Meister Gerhard

Der Teufel hat noch nie Freude daran gehabt, wenn irgendwo eine neue Kirche gebaut wurde. Das jedenfalls behaupten viele Sagen, die mit der Errichtung von Kirchen und Domen zu tun haben. Besonders augenfällig ist dies im Vorraum des Aachener Domes zu finden, wo der Teufel am schweren Bronzeportal aus Wut über eine verlorene Wette seinen Daumenabdruck hinterlassen haben soll und ein bronzener Bär oder Wolf mit weit geöffneter Brust ebenfalls daran erinnert, daß der Teufel ihm seine Seele aus gleichem Anlaß herausriß.

Eine Kölner Sage berichtet von der tragisch ausgegangenen Wette des Dombaumeisters Gerhard mit dem Teufel. Sie liefert zugleich die Erklärung dafür, warum es mit dem Dombau so lange nicht weiterging und weshalb Reste antiker Wasserleitungen im Umfeld des Domes zu finden sind.

Als der Dombau schon so weit vorangegangen war, daß seine mächtigen Umrisse erkennbar wurden, ärgerte das den Teufel und er erschien eines Tages auf den Baugerüsten dem Dombaumeister Gerhard und drohte an, daß der Bau nie fertig werden würde. Eher würde er einen Kanal von Trier nach Köln bauen und das Wasser über den Baugrund fließen lassen.

Meister Gerhard setzte in einer Wette seine Seele dagegen, daß er früher fertig sein würde, als daß der Teufel in einem Kanal das Wasser zum Fließen bringen würde. Er war sich bei der Wette sicher, daß der Fürst der Unterwelt es nicht schaffen würde, das Wasser in einer unterirdischen Leitung zum Fließen zu bringen. Er selbst wußte aber um dieses Geheimnis – nämlich Luftlöcher mußten in regelmäßigen Abständen eingebaut werden, und das Wasser würde fließen. Darüber sprach er nur mit seiner Frau.

Als der Teufel eines Tages merkte, daß er mit seinem Latein und den handwerklichen Fähigkeiten am Ende war, machte er sich an Meister Gerhards Frau heran. Er gewann ihr Zutrauen, indem er sich als Arzt verkleidete. Schließlich verriet die Frau ihm das Geheimnis der Wasserkunst. Kurze Zeit später kontrollierte Meister Gerhard wieder einmal von den Baugerüsten aus den Fortgang der Arbeiten. Plötzlich sah er unten auf dem Boden Wasser hervorquellen. Es wurde immer mehr und mehr und schließlich schnatterten Enten auf einem kleinen Teich, der von einem Kanal gespeist wurde.
Im gleichen Augenblick erkannte Gerhard, daß er die Wette verloren hatte. Er glaubte seine Seele verloren zu haben und stürzte sich in die Tiefe. Der Teufel sprang ihm in Gestalt eines Hundes hinterher.
Danach fand sich kein Meister mehr, dem die Vollendung des Domes gelungen wäre. Die Sage erzählt weiter, der Geist von Meister Gerhard habe es selbst verhindert, indem er immer wieder auf dem Gerüst erschien und besonders eifrige Steinmetze in den Tod trieb. Um seine Seele zu retten, sei Gerhard noch hunderte von Jahren nächtens um den Dom gestrichen, damit nur ja niemand sein Werk wieder aufnehmen könne. Erst als es gelang, seinen Geist zu bannen, konnte der Dom vollendet werden.

WEM GEHÖRT DER DOM?

Das Domkapitel und seine Aufgaben

„Wem gehört der Kölner Dom?" Das ist eine Fangfrage bei juristischen Staatsexamen, die meist falsch beantwortet wird: „Der Dom gehört dem Erzbischof!" Das ist logisch richtig gedacht und doch falsch. Der Dom hat seinen Namen „Kathedrale" von der Kathedra, dem Bischofsstuhl. Er ist die „Bischofskirche". Der Erzbischof von Köln hält deshalb seine großen Gottesdienste im Dom, doch der Dom „gehört" ihm nicht.

„Der Dom gehört dem Domkapitel!" Auch diese Antwort mancher Examenskandidaten ist falsch. „Der Dom gehört sich selbst" käme den komplizierten Rechtsverhältnissen am nächsten. Das Domkapitel verwaltet und erhält lediglich den Dom, nimmt also das „Hausrecht" wahr. Das Kölner Domkapitel ist jedoch seit mehr als 1000 Jahren der lebende Repräsentant des Domes in seiner jeweiligen baulichen Gestalt gewesen. Insofern ist die im Kölner Volksmund geläufige Bezeichnung „Domherren" für die Kapitulare verständlich.

Ursprünglich war das Domkapitel ein gemeinsam mit dem Bischof lebendes Priesterkollegium, dessen wichtigste Aufgabe es war, den Gottesdienst im Dom und siebenmal täglich das Stundengebet der Kirche feierlich zu gestalten. Daneben stand die Wahrnehmung diözesaner Verwaltungsaufgaben im Dienst des Erzbischofs. Da sich das Erzbistum Köln im Mittelalter zu einem staatlichen Territorium, zum Staat des Kölner Kurfürsten, entwickelte, nahmen die Domkapitulare auch staatliche Verwaltungsaufgaben wahr. Das Domkapitel als Ganzes, das bis zum Untergang des alten Erzbistums Köln 1806 aus 16 hochadeligen, aber nicht priesterlichen „Domgrafen" und 8 Priesterherren bestand, bildete in der Ständeversammlung des Kölner Erzstiftes den „Ersten Stand" mit erheblichem Einfluß auf die staatliche und kirchliche Verwaltung. Eine solche Aufgabenstellung und Zusammensetzung des Kölner Domkapitels kommt uns heute sehr unangemessen vor. In diesem Kapitel hat es im Laufe der

Jahrhunderte ungezählte politische und persönliche Parteiungen und Händel unerfreulicher Art gegeben. Doch soll man auch die Verdienste dieses Kollegiums nicht verschweigen: Als im 16. Jahrhundert zwei Erzbischöfe (Hermann von Wied und Gebhard Tuschseß von Waldburg) im Erzstift Köln die Reformation einführen wollten, hat das Domkapitel (zusammen mit dem Rat der Stadt Köln und der alten Kölner Universität) in Stadt und Erzbistum Köln die Zugehörigkeit zur katholischen Kirche verteidigt.

Das Domkapitel in seiner heutigen Gestalt und Funktion wurde zusammen mit dem neuen Erzbistum Köln nach entsprechenden Verhandlungen mit dem preußischen Staat durch die päpstliche Bulle „De salute animarum“ vom 16. Juli 1821 begründet. Dieses Kapitel hat mit dem früheren nur den Kölner Dom und das Kapitelsabzeichen, den von Kurfürst Clemens August 1738 gestifteten „Kapitelsstern“, gemeinsam. Nicht mehr adelige Abkunft, sondern theologisches Wissen und seelsorgerliche Erfahrung sollen die Priester auszeichnen, die in das Kapitel berufen werden. Der feierliche Gottesdienst im Dom wie auch das gemeinsame Stundengebet sollten wieder die vornehmsten Aufgaben der Kapitulare sein. Doch da im 19. Jahrhundert – vor Einführung der Kirchensteuer! – der Erzbischof von Köln unvorstellbar arm war, war er auf die Mitarbeit der staatlich besoldeten Domkapitulare in der Diözesanverwaltung angewiesen. So ging das gemeinsame Chorgebet des Kapitels immer weiter zurück.

Als besonderes Privileg gestand der Papst in „De salute animarum“ den preußischen Kapiteln das Recht der Bischofswahl zu. Weil der Papst dem evangelischen König von Preußen nicht das Recht der Bischofsernennung einräumen wollte und der König seinerseits dem Papst nicht die sonst in der Weltkirche bereits übliche päpstliche Ernennung zugestand, war das Bischofswahlrecht der Domkapitel ein Kompromiß, wobei jede der beiden Seiten darauf hoffte, sich im Ernstfall das jeweilige Kapitel gefügig machen zu können.

Das heutige Domkapitel besteht aus 12 bzw. (bei der Erzbischofswahl) 16 Mitgliedern. Die Leitung liegt in den Händen des Dompropstes und des Domdechanten, wobei dem Propst als Vorsitzendem die eigentliche Leitung und rechtliche Vertretung des Domkapitels nach außen zusteht, während dem Domdechanten außer der Vertretung des Propstes der Chordienst und die gottesdienstlichen Funktionen in der Domkirche unterstehen. Außer diesen beiden „Dignitären“ zählt das Kapitel 10 residierende Kapitulare, die am Kapitelsgottesdienst und den monatlichen Kapitelssitzungen teilnehmen. Damit bei der Bischofswahl nicht nur dieses Kölner Gremium allein Stimmrecht hat, sollen an der Bischofswahl auch 4 „nichtresidierende“ Domkapitulare teilnehmen, die aus dem Kreis der Dechanten bzw. – seit dem Preußenkonkordat von 1929 – in einem Fall aus den Professoren der Bonner katholisch-theologischen Fakultät berufen werden.

Für uns heute schwer verständlich und für die Kirche im 19. Jahrhundert besonders belastend war in der Bulle „De salute animarum“ von 1821 das Recht zur Ernennung der Domkapitulare geregelt: Der Propst und die Kapitulare, deren Vorgänger in einem „ungeraden Monat“ (Januar, März, Mai usw.) verstorben waren, ernannte der Papst auf Vorschlag des Königs von Preußen. Das bedeutete praktisch: Der König ernannte diese Domherren. Den Domdechanten und die Kapitulare, deren Vorgänger in einem „geraden Monat“ (Februar, April, Juni usw.) verstorben waren, durfte der Erzbischof ernennen. Das führte zu dem Kölner Sprichwort: „Ein seinem Erzbischof von Herzen ergebener Domkapitular weiß es einzurichten, daß er in einem Monat erzbischöflicher Ernennung stirbt.“

Es war in Köln wie in allen anderen Bistümern zu beobachten, daß der Staat seine Ernennungsmöglichkeiten nutzte, um entweder verdiente Religionslehrer, Geistliche Schulräte und Militärpfarrer kurz vor der Altersgrenze in die Kapitel zu befördern, um so die bald fälligen Pensionen zu sparen, oder aber, um den Erzbischof mit priesterlichen Beratern zu umgeben, die dem Staat mehr ergeben waren als der Kirche. Sie sollten ihre Stellung nutzen, die Verwaltung des Erzbistums im Sinne des Staates zu beeinflussen. Diese Erwartung an die Domkapitulare verstärkte sich für den seltenen Fall einer Bischofswahl.

Durch die politische Umwälzung von 1918/19 war auch für die Kirche in Deutschland eine ganz neue Situation entstanden. Partner der Kirche war nicht mehr ein auf seine Souveränitätsrechte bedachter König, sondern ein der Kirche gegenüber im allgemeinen neutraler Staat. So mußte für die Staat-Kirche-Beziehung anstelle der Bulle „De salute animarum“ eine neue Vereinbarung getroffen werden. Das geschah durch das Konkordat zwischen dem Heiligen Stuhl und dem Freistaat Preußen im Jahre 1929. Das bis heute gültige Konkordat brachte für das

Domkapitel und sein Bischofswahlrecht zwei wesentliche Veränderungen:
Der Staat verzichtete auf die Mitwirkung bei der Ernennung von Domkapitularen. Der Propst wird vom Kapitel gewählt und vom Papst bzw. seit dem II. Vatikanischen Konzil vom Erzbischof ernannt. Den Domdechanten ernennt der Papst auf Vorschlag des Erzbischofs bzw. seit dem II. Vatikanischen Konzil der Erzbischof selbst. Die 10 residierenden und die 4 nichtresidierenden Kapitulare ernennt der Erzbischof – abwechselnd in beiden Gruppen – nach Anhörung bzw. mit Zustimmung des Domkapitels. Die früheren Spaltungen zwischen den „königlichen" und den „erzbischöflichen" Kapitularen war damit beseitigt. Die Loyalität des Gesamtkapitels wie der einzelnen Mitglieder zum Erzbischof hat seit 1929 nie mehr in Zweifel gestanden.
Das Bischofswahlrecht des Domkapitels wurde durch das Konkordat von 1929 erheblich eingeschränkt. Nach „De salute animarum" hatte bis 1929 die Initiative im Wahlgeschäft beim Domkapitel gelegen. Dieses verständigte sich mit dem Staat auf wenigstens 3 Kandidaten, die dem König nicht „minder genehm" sein durften. Der vom Kapitel Gewählte wurde anschließend vom Papst bestätigt, sofern nicht kanonische Hindernisse vorlagen.
Nach dem Preußenkonkordat von 1929 liegt nunmehr die Initiative des Wahlgeschäfts beim Papst: Unter Würdigung von Vorschlagslisten, die das Domkapitel der vakanten Diözese und die preußischen Bischöfe je einzeln im Falle einer Vakanz dem Heiligen Stuhl zusenden, erstellt der Papst einen Dreiervorschlag, aus dem das Kapitel den neuen Erzbischof wählt. Nach der Wahl muß das Kapitel bei der preußischen bzw. heute bei der nordrhein-westfälischen und der rheinland-pfälzischen Landesregierung (ein kleiner Teil der Kölner Diözese gehört zu Rheinland-Pfalz) anfragen, ob Bedenken politischer Art gegen den Gewählten bestehen. Danach spricht der Papst die Ernennung aus.
Bei den vielfältigen Reformen im Gefolge des II. Vatikanischen Konzils wurde den Domkapiteln keine Beachtung geschenkt. Manche der früher von den Kathedralkapiteln wahrgenommenen Funktionen der Beratung und Unterstützung des Bischofs in der Bistumsverwaltung wurden neuen Ratsgremien zugewiesen. In den deutschen Ländern dürfte die Existenz der Domkapitel trotzdem auch in Zukunft durch die staatlich-kirchlichen Vereinbarungen gesichert sein.

Für Gottesdienstbesucher wird das „Hohe Metropolitankapitel“ nur an wenigen Festtagen des Jahres einigermaßen vollzählig in seiner violetten Tracht sichtbar. Die Domkapitulare sind entweder als Weihbischöfe oder in ihren sonstigen Bistumsaufgaben oft nicht in Köln anwesend. Der Priestermangel im Erzbistum Köln hat dazu geführt, daß auch die grundsätzlich anwesenden Domherren zu Aushilfen gebeten werden und unterwegs sind und deshalb am sonntäglichen „Kapitelsamt“ nicht teilnehmen können.

Die wichtigste Aufgabe des Kapitels für den Dom besteht neben der Sorge für einen würdigen Gottesdienst im Dom in der Sicherstellung seines baulichen Erhalts und der Ordnung im Dom. Da das Metropolitankapitel außer den staatlichen Gehaltszuweisungen für seine Mitglieder für diese Zwecke nur geringe Einnahmen aus Kollekten und Eintrittsgeldern erhält, bleibt es auf die Unterstützung des Erzbistums, des Zentral-Dombau-Vereins und zahlloser Einzelspender und Wohltäter zum Erhalt des Domes angewiesen.

„DER KLUGE LÄCHELT KAUM LEISE" (SIRACH 21,20)

Anekdoten rund um den Kölner Dom

Es ist zum Schmunzeln, daß wir nicht nur das gotische Bauwerk des Kölner Doms in seiner ganzen Größe und Schönheit im Jubiläumsjahr feiern, sondern selbst der Bischof Konrad von Hochstaden, der den Grundstein zu diesem gewaltigen Bau legte, ist auch heute noch ein gefragter Mann. So erreichte kürzlich den Dom ein an ihn adressiertes Schreiben, das ihn aufforderte, das FOCUS Magazin zu abonnieren. Die Kirchenzeitung für das Erzbistum Köln veröffentlichte dieses Anschreiben und auch den Antwortbrief vom 18. März 1997, mit dem Dompropst Bernard Henrichs, der 1996 den Aachener Orden wider den tierischen Ernst verliehen bekommen hatte, antwortete:

„Sehr geehrte Damen und Herren,
unter Datum vom 6. 3. 1997 machen Sie Herrn Konrad von Hochstaden, Domkloster 4 in 50667 Köln, ein interessantes Angebot, gratis und unverbindlich am 24. 3. 97 die Ausgabe 13/1997 des Magazins FOCUS zu liefern. Im Namen des Adressaten bedanke ich mich herzlich für Ihr Angebot. Herr Konrad von Hochstaden ist unter der Nr. Domkloster 4 (Hoher Dom zu Köln) begraben. Er regierte von 1238 bis 1261 und legte am 15. 8. 1248 den Grundstein zum Gotischen Dom, so daß wir im Jahre 1998 durch seine Tat 750 Jahre Gotischer Dom in Köln feiern können. Von seinen Taten her wäre es sicherlich gerechtfertigt, ihm Ihre Zeitschrift FOCUS auf Dauer zukommen zu lassen. Da das Hochgrab in der Johanneskapelle steht, haben wir untersucht, ob es eine Möglichkeit gäbe, dem ehemaligen Erzbischof von Köln die Zeitschrift in seinem Grab zukommen zu lassen. Da das Hochgrab aber in einem guten Zustand ist, sind keine Verschiebungen und damit irgendwelche Ritze erkennbar, die es möglich machen. Die Zeitschrift nur an seinem Grab niederzulegen, verbietet die Würde des Ortes an sich. So bedanke ich mich noch einmal

ganz herzlich, bitte aber freundlichst, von Ihrer vorgesehenen Lieferung Abstand zu nehmen."

Ähnliches ist schon einmal vor gut zwanzig Jahren im Jahr 1965 passiert. Da fand sich in der Post des Dreikönigsfestes ein Brief mit der Adresse: „Mons. Reinald v. Dassel, Archbishop of Cologne." Bei selbigem handelt es sich um jenen Kölner Erzbischof, der Reichskanzler Friedrich Barbarossas war, und dem Köln und die Kölner den 1164 stattgefundenen Transfer der Reliquien der Heiligen Drei Könige von Mailand nach Köln verdanken.
Prälat Herbert Michel merkte damals zu dieser Post an: „Da der Brief weder in einer versiegelten Pergamentrolle überbracht wurde, noch auf dem Hof ein reitender Bote auf Antwort wartete und auch der Poststempel ein Datum aus unserem Jahrhundert trug, schied die nahegelegene Möglichkeit einer ungebührlichen Verspätung der Postzustellung aus. Was blieb anderes übrig, als mit der dem Hause (gemeint ist das Erzbischöfliche Generalvikariat in Köln) eigenen Korrektheit auf dem Brief zu vermerken: ‚Zurück an Absender, Empfänger verstarb am 14. 8. 1167'." Der Schreiber dieses Briefes hatte wohl nicht bemerkt, wie schnell – auch bei dem ruhigen Zeittakt der Kirche – selbst Jahrhunderte dahineilen.

Neben diesem aktenkundigen Vorgang ist auch ein Schreiben der Gebühreneinzugszentrale der öffentlich-rechtlichen Rundfunkanstalten in der Bundesrepublik Deutschland (GEZ) 50656 Köln zu erwähnen. Es macht deutlich, daß die Kölner Erzbischöfe und ihre Domkapitulare solche Attraktivität besitzen, daß sie über den Tod hinaus um finanzielle Beteiligung angegangen werden. Im August 1994 traf von besagter Gebühreneinzugszentrale beim Münsterpfarrer von Neuß ein Brief mit folgender Adressierung ein: Herrn Rudi Pfeifer, Freithof 7, 41460 Neuss. Monsignore Dr. Hans-Dieter Schelauske antwortete prompt am 16. 8. 1994:

„Sehr geehrte Damen und Herren!
Die Anschrift ‚Freithof 7' ist seit 1725 die Adresse des Pfarrhauses von St. Quirin. Insofern kam Ihr Schreiben, das im Original zurückgereicht wird, hier an und wurde geöffnet. Der von Ihnen angeschriebene ‚Rudi Pfeifer' ist hier nicht wohnhaft und auch nicht bekannt. In den Jahren 1960 bis

1963 war ein Priester mit Namen Rudolf Peifer Oberpfarrer an St. Quirin. Er wurde dann Regens des Kölner Priesterseminars und Domkapitular in Köln. Dort ist er vor einigen Jahren verstorben und auf dem Domherren-Friedhof in Köln beigesetzt. Es ist nicht bekannt, ob seiner Grablegung ein Transistorradio beigefügt wurde, das möglicherweise Gebührenansprüche Ihrerseits begründet. Sofern Ihre Mitarbeiter nicht anderweitig ausgelastet sind, stelle ich anheim, entsprechende Nachforschungen beim Kölner Domkapitel anzustellen. Vorsorglich mache ich darauf aufmerksam, daß die Beisetzungen auf dem Kölner Domherren-Friedhof in einem Zink-Sarg erfolgen, Ihre Mitarbeiter nach Einholung der Genehmigung des Domkapitels also auch mit entsprechenden Werkzeugen ausgestattet sein sollten. Es ist insofern ratsam, auch die Werkzeugbeschaffung möglichst bald zum Gegenstand Ihrer Bemühungen zu machen."

Eine Reaktion auf diesen Brief ist ebensowenig bekannt geworden wie bei den vorausgegangenen Fällen. Humor gehört wesentlich zur Kirche, und er ist ein Geschenk an die Glaubenden, die Gottes Führung vertrauen. Keinen Humor bescheinigte Domkapitular Herbert Michel einem Mitarbeiter des Erzbischöflichen Generalvikariates in einer Aktennotiz von 1965:

„Leider muß Klage darüber geführt werden, daß bei der kirchlichen Behörde auch Spaßverderber sitzen. Der eifrige Mann beispielsweise, der die letzte Korrektur des Kirchlichen Anzeigers las, in dem die Veranstaltungen zum Dreikönigenjubiläum angezeigt waren, brachte durch ein humorloses Korrekturzeichen alle Leser des Kirchlichen Anzeigers um das befreiende Lachen, das die in fetten Buchstaben gesetzte Überschrift ‚Dreiköniginnenjubiläum' zweifellos ausgelöst hätte."

Daß Humor nicht erlernbar ist, sondern dem Menschen gegeben, beweist folgende Begebenheit: Ein Mann aus Thielenbruch ging mit seinem fünfjährigen Enkel Wolfgang in den Dom. Dort zeigte er ihm den Goldenen Schrein und sagte: „Da sind die Heiligen Drei Könige drin." – „Opa, sind die da ganz richtig drin?" Der Großvater dachte angestrengt nach. Weiß sein Enkel schon etwas vom Sterben? Wie erklärt man einem kleinen Kind den Ausdruck „Gebeine"? Er wurde der schwierigen Antworten enthoben, indem der Enkel mit einer wegwerfenden Handbewegung sagte: „Ach, das ist doch alles nur Reklame!" – Hatte der kleine Kerl so

Mailänder Madonna (zwischen 1270 und 1290 entstanden).

Kölns berühmtes Gerokreuz aus der zweiten Hälfte des 10. Jahrhunderts.

Der Christus mit den geschlossenen Augen aus dem Gerokreuz.

Kölner „Schmuckmadonna“.

ganz Unrecht mit seinem zeitgemäßen Argwohn? Im Mittelalter kamen jedenfalls unzählige Gläubige nach Köln aufgrund „dieser Reklame".

Ein andermal zog eine kölsche Lehrerin mit der dritten Generation durch ihr geliebtes Köln. Die Spaziergänge endeten wie immer im Dom. Wieviel Trost, Kraft und Freude hatte sie hier schon erfahren dürfen. Sie dachte bei sich, könnte man doch diese Zuversicht der Jugend tief ins Herz legen. Also ging sie auch heute, an einem Tag der Herbstferien, mit ihren Großneffen – siebenjährigen Zwillingen – in den Dom. An der Krypta hing ein Schild: „Zur Gruft." Philip, einer der Zwillinge: „Tante, dürfen wir da hinunter gehen?" Ihre Antwort: „Aber sicher, das Schild weist ja da hin." In dieser Grabkapelle der Kölner Erzbischöfe beteten Gläubige an der Grablege des jüngst verstorbenen Erzbischofs Joseph Kardinal Höffner. Bevor die Tante es vermeiden konnte, fragte Philip laut: „Tante, und wo ist hier der Vampir?" Einige Anwesende schüttelten erschrocken den Kopf, andere schauten lächelnd zu Philip hin. Die Tante wurde ganz verlegen, zog Philip an sich und sagte: „Du mußt hier ganz still sein. Hier ist kein Vampir." Wieder konnte sie seine nächste Behauptung nicht verhindern: „Doch, Tante, heb einmal den Deckel hoch! In jeder Gruft ist ein Vampir!" Nun zog sie den Burschen schnell zum Ausgang zurück. Oben, fernab der Beter, erzählten die Neffen ihr von der Fernsehserie „Der kleine Vampir". In der hatte der Vampir Kindern geholfen, ihre Probleme zu lösen. Nun gingen sie zur Lochner-Madonna und beteten dort für den verstorbenen Kardinal, der Kinder besonders in sein Herz geschlossen hatte. Im Geist sah die Tante ihn über ihren impulsiven Philip lächeln. Nun staunte Philip aber über ihr Lächeln am Heiligen Ort.

Eine andere, doch ähnliche Erfahrung, machte ein priesterlicher Mitbruder, der ebenfalls seinen Neffen zu Besuch hatte und ihm nun die Stadt Köln zeigte. Einen Tag lang führte er den Jungen, der aus der Eifel stammt, durch die Großstadt, und dann kam der Höhepunkt, der Besuch des Kölner Doms. Wie es sich für einen tüchtigen Pastor gehört, erklärte er dem kleinen Kerl alle Bilder, die Figuren, die Altäre und vor allem den berühmten Goldenen Schrein im Hochchor. Er war ganz stolz auf seine pädagogischen Fähigkeiten. Abends fragte er dann seinen Neffen, was ihm denn am besten in Köln gefallen hätte. Prompt kam die Antwort: „Die große Kehrmaschine."

Der Besitz der Gebeine der Heiligen Drei Könige ließ Köln nicht nur im Mittelalter zu einem der größten Wallfahrtsorte Europas werden, sondern läßt auch heute noch den 6. Januar als Hochfest der Erscheinung des Herrn in großen liturgischen Feiern begehen. Tausende Gläubige feiern im Dom die festlichen Gottesdienste mit und Hunderttausende verfolgen die Übertragung im Rundfunk.
Eine Direktübertragung vom Ende der 50er Jahre bleibt vielen Teilnehmern unvergeßlich. Damals war Prälat Marschall aus Gruiten der sogenannte „Rundfunkmarschall". Er kommentierte im NWDR das Pontifikalamt am Dreikönigsfest. Wenn lateinische Texte gesprochen wurden, ließ er die Übertragung auf sein Mikrofon im Chorgestühl umschalten und las gleichzeitig mit tiefer Stimme die Texte auf Deutsch. Während er nun das Evangelium nach Matthäus vorlas, fiel in seiner Nähe mit großem Gepolter eine Kniebank um. Prälat Marschall unterbrach den Text und kommentierte: „Der Lärm, den Sie soeben gehört haben, stammt von einer Kniebank, die umgefallen ist. Sie brauchen also keine Angst zu haben." Dann las er den Evangelientext weiter. Für die Rundfunkhörer hörte sich das aber so an:
„Als Jesus zur Zeit des Herodes in Betlehem in Judäa geboren worden war, kamen Sterndeuter aus dem Osten nach Jerusalem und fragten: Wo ist der neugeborene König der Juden? Wir haben seinen Stern aufgehen sehen und sind gekommen, um ihm zu huldigen. (Hier fiel die Bank um.) Der Lärm, den Sie meine Hörerinnen und Hörer soeben gehört haben, stammt von einer Kniebank, die umgefallen ist. Sie brauchen also keine Angst zu haben. Als Herodes das hörte, erschrak er und mit ihm ganz Jerusalem …"

Während der festlichen Gottesdienste im Jubiläumsjahr 1998 wird bei den feierlichen Pontifikalämtern im Kölner Dom, wie bei den liturgischen Händewaschungen üblich, eine silbergetriebene Ente, aus deren geöffnetem Schnabel Wasser fließt, gebraucht werden. Zur Zeit von Kardinal Frings hatten die Seminaristen bei den Pontifikalgottesdiensten den Altardienst zu versehen. Oft waren diejenigen, die für diesen Dienst ausersehen waren, nicht nur vom Dom, vom Orgelspiel und dem Chor fasziniert, sondern auch mitunter so aufgeregt, daß sie ihren „Einsatz" versäumten. Es war wieder einmal soweit. Der Seminarist hatte nicht aufgepaßt. Plötzlich sagte Kardinal Frings – ohne daran zu denken, daß das

Mikrofon eingeschaltet war – im ganzen Dom laut und gut vernehmlich: „Die Ent' – Du Schoof!"

Kardinal Josef Frings konnte nicht nur Kölsch sprechen, sondern verstand auch die kölnische Mentalität gut. Als sich mit fortschreitendem Alter sein Augenlicht verschlechterte, pflegte er – um sich selbst gelegentlich „auf die Schüppe zu nehmen" – schon einmal zu sagen: „Jetzt ist es mit mir ähnlich, wie man in Köln von einem alt gewordenen Opa spricht: Jot sin kann hä schläch, ävver schläch hüre kann hä jot!" Dieses Bonmot ist ebenso vielen bekannt wie das folgende: Nach anstrengenden Pontifikalämtern pflegte Kardinal Frings gelegentlich zu sagen: „Jetzt weiß ich mal wieder nicht, was ich sagen soll: Es war lang, aber schön! – Oder: Es war schön, aber lang!"

Während eines Pontifikalamtes im Dom versah ein Seminarist den Dienst mit der „bugia", einem für den bischöflichen Gottesdienst vorgesehenen kleinen Kerzenleuchter. Despektierlich wurde er von den Seminaristen mehr als einmal als „Darmol-Lämpchen" bezeichnet. Nach der Beendigung der Meßfeier legte Kardinal Frings seine liturgischen Gewänder ab und die Kardinalsrobe an. Vielleicht tat er es zu temperamentvoll, denn der dabei entstandene Windzug löschte die „bugia-Kerze" aus. Er bemerkte dies und sagte mit verhaltener Stimme: „Entschuldigen Sie vielmals, Herr Seminarist!, jetzt habe ich Sie doch zu einer törichten Jungfrau gemacht." Der Seminarist wußte genau, welche Stelle im Evangelium damit gemeint war.

Die auffallende und respekterheischende Kleidung der Domschweizer verleitet manche Besucher zu Fehlschlüssen. So erging es auch, wie glaubwürdig berichtet wird, einer Bauersfrau. Einen Domschweizer hatte sie noch nie gesehen, aber dessen Montur hatte sie so beeindruckt, daß sie ihn fragte, ob er gleich das Pontifikalamt halten würde. Die Antwort des Domschweizers war kürzer und bündiger als seine Berufskleidung: „Nein, mein Kollege!" Dieser Ausspruch wurde von anderen gehört und Kardinal Frings überbracht, der sich köstlich amüsierte und meinte: „Wenn ich wieder einmal ein Pontifikalamt halte, dann sehen Sie doch zu, daß mich dieser Domschweizer zum Wagen begleitet." Dies geschah dann auch. Als Kardinal Frings im Auto Platz genommen hatte, reichte er diesem die Hand mit den Worten: „Auf Wiedersehen, Herr Kollege!"

„ICH FÖRCHTE, WIR SIND BESTOHLEN“

Diebe und Langfinger suchten oft den Dom heim

Zu allen Zeiten hat der Dom nicht nur Pilger und Beter, sondern auch lichtscheues Gesindel, Diebe, Räuber und Grabschänder angelockt. Die Heiligkeit des Ortes hat sie nicht davon abgehalten, zu rauben und zu zerstören. Verbrechen im Dom haben nicht immer ein solche gutes Ende genommen, wie im Fall des gestohlenen Vortragekreuzes, das im Februar 1995 nur kurz verschwunden war.

„Diebstahl im Dom“. Diese Schlagzeile in Zeitungen regte im Februar 1995 auch Heinrich Schäfer auf. Der Mann, in Köln als „Schäfers Nas“ bekannt, verfügt über gute Beziehungen zu „gewissen“ Kölner Kreisen. Innerhalb von zwei Tagen gelingt es ihm, das aus der Schatzkammer gestohlene silberne Vortragekreuz wieder zu beschaffen. „Es gehört sich nicht, den Dom zu beklauen“, sagt Heinrich Schäfer zum Kölner Dompropst Bernard Henrichs, als er ihm das Kreuz zurückgibt.

Dankbar verkündet der Dompropst am nächsten Sonntag im Hochamt, das Kreuz sei wieder da und „Schäfers Nas“ habe die ausgesetzte Belohnung entrüstet zurückgewiesen.

Anders ist der spektakuläre Einbruch in die Domschatzkammer vom 2. November 1975 in Erinnerung. Damals drangen Diebe durch einen schmalen Lüftungsschacht in die Schatzkammer ein und stahlen drei Monstranzen, zwölf Bischofsringe, eine Kußtafel, einen goldenen edelsteinbesetzten Blumenstrauß, ein Brustkreuz und eine Schmuckkette. In ihrer Gier nach Gold und Edelsteinen raubten und zerstörten die Täter, zwei Jugoslawen und ein Italiener, Monstranzen, Kreuze und andere liturgische Geräte, darunter die berühmte Goldene Monstranz von 1657. Sie wurde zerschmettert und eingeschmolzen. Auf etwa zehn Millionen Mark schätzte die Staatsanwaltschaft den Sachschaden.

Köln ist in Aufregung. Die Polizei bildet eine 40köpfige Sonderkommission. Die Bevölkerung wird zur Mithilfe aufgerufen. Interpol beteiligt sich an der Suche nach den Räubern. Erste Spuren führen ins Ausland.

Ljubomir Ernst ist schon am Tag nach dem Diebstahl in Verdacht geraten. Zu eindeutig sind die Parallelen zwischen dem Domraub und einem Einbruch in die Kölner Kirche St. Mariä Himmelfahrt einige Jahre zuvor. Als er damals das Diebesgut aus der Jesuitenkirche für 500 000 Mark verkaufen wollte, erwischte ihn die Polizei.
Im Juli 1976 wird der mutmaßliche Haupttäter in Mailand verhaftet, als er dort Teile der Dombeute verkaufen will.
Besonders bedauerlich war, daß Ernst einen Großteil der Kunstschätze in Jugoslawien schon zerstören ließ. Im Labor eines Zahntechnikers in der Nähe von Belgrad waren die von Goldschmieden früherer Jahrhunderte geschaffenen filigranen Kunstwerke zu unförmigen Goldklumpen zusammengeschmolzen worden. Bei einer Hausdurchsuchung entdeckt die Polizei noch 45 kleine Rubine und weitere Bruchstücke des Domschatzes.
Im März 1978 wird Ernst in Köln zu sieben Jahren und sechs Monaten Haft verurteilt. Zu diesem Zeitpunkt arbeitet Domgoldschmied Peter Bolg schon seit fast eineinhalb Jahren an der Restaurierung oder der Wiederherstellung der beschädigten und zerstörten Monstranzen. Es dauert noch Jahre bis die Goldene Monstranz, die sogenannte Pretiosa, von der nur einige Edelsteine sichergestellt werden konnte, neugefertigt ist.
Rund 170 Jahre vor Bolg standen der Kölner Goldschmiedemeister Wilhelm Pullack und dessen Söhne vor einer ähnlichen Aufgabe. Auf der „Flucht“ vor den französischen Revolutionstruppen, die 1794 in Köln einmarschierten, war der Dreikönigenschrein nach Arnsberg und dann nach Frankfurt gebracht worden. Stark beschädigt, kehrte der Schrein 1804 wieder in die Domstadt zurück. Unter der Leitung von Professor Wallraf reparierte Pullack mit seinen Söhnen 1807 den Schrein und retteten so den größten Teil des mittelalterlichen Bestandes.
Im Herbst des Jahres 1820 ist das Können des inzwischen 80jährigen Goldschmieds erneut gefragt: Ein Dieb hatte dem Reliquienschrein schweren Schaden zugefügt. Am 21. Oktober 1820 veröffentlicht die „Kölnische Zeitung“ die amtliche Erklärung des Oberprokurators Berghaus: „Der schändlichste Kirchenraub, der sich jemals zugetragen haben mag, ist in der vergangenen Nacht in der hiesigen Domkirche verübt worden, indem es den nichtswürdigen Verbrechern gelungen ist, den Reliquien-Kasten der heil. drei Könige zu spoliieren *(berauben)*, und solcher-

gestalt sich an einem Gegenstand zu vergreifen, der, abgesehen von seiner religiosen Bestimmung, von jedem Kenner als ein seltenes Denkmal des Alterthums und der Kunst bewundert wurde." Es folgt eine Aufzählung der entwendeten Gegenstände und die Aufforderung an „sämtliche in- und ausländischen Behörden, so wie das ganze Publikum im allgemeinen, diesen Gegenständen ihre besondere Aufmerksamkeit zu widmen, und im Entdeckungsfalle, den Besitzer sofort anzuzeigen, damit der Thäter entdeckt, und der hiesigen Behörde zur ferneren gerichtlichen Verfolgung vorgeführt werde".

Entdeckt worden war der Raub am Morgen des 19. Oktobers. Dompfarrer Heinrich Filz bereitet sich gerade auf die Frühmesse vor, als Kaplan Johann Gumpertz aufgeregt in die Sakristei stürzt und von dem Verbrechen berichtet. Im Protokoll, das der Kirchenvorstand der Dompfarrei über die Ereignisse abfaßt, heißt es unter anderem: „... unser Hr. Kaplan Gumpertz, Verwahrer des hl. Drei Königen schatzes zeigte Pastor Filz ganz verstört und in halbgebrochener Sprache an, daß der drei Konigen-Schatz bestohlen seye, mit den Worten ‚Ich förchte, Herr Pastor, wir sind bestohlen'."

Filz stürmt aus der Sakristei zum Chorumgang. Das Schutzgitter des Schreins ist offen. Glassplitter und Kerzen liegen auf dem Boden. Er gibt die Anweisung, den Chorumgang zu verschließen und nach der Polizei zu schicken. Wie ein Lauffeuer verbreitet sich die Nachricht vom Diebstahl. Auch Staatprokurator Berghaus und Mitglieder des Landgerichts finden sich am Tatort ein. Ein Schadensprotokoll wird angefertigt. Geraubt sind unter anderem „eine goldene, ... den Heiland vorstellende Figur, ein goldener Cherubin, 14 mit farbigen Edelsteinen besetzte Filigran-Platten, 5 goldene und drei kupferne Filigran Platten, eine goldene Figur, Maria darstellend, drei vergoldete orientalische Kronen mit Perlen und Steinen besetzt" sowie zahlreiche, überaus kostbare Edelsteine.

Es folgt das Verhör des Kaplan Gumpertz, Verwahrer des Drei Königen Schreins und des „Offermanns" (Küsters) Matthias Emans. Entgegen der Vorschrift war das Schutzgitter am Abend vor dem Diebstahl nicht verschlossen worden. Wer von beiden daran die Schuld hat, bleibt offen. Jeder schiebt dem anderen die Verantwortung zu.

Unterdessen befindet sich ein gewisser Franz Becker auf der Flucht von Köln ins westfälische Dülmen. Erst wenige Tage zuvor aus dem Gefängnis entlassen, ließ er sich am 18. Oktober abends im Dom einschließen. Er

ist der Dieb. Die Nachlässigkeit des Küsters und Kaplans erweisen sich für ihn als Glücksfall. „Durch Übersteigen des oberen Kirchenabschlusses und Erzwingen des kupfernen Gitters, bei zufälliger und nicht gehöriger Abschließung, war es ihm möglich, dieser sonst so wohl verwahrten Schätze sich zu bemächtigen", sagt das Polizeiprotokoll.
Kaum in Dülmen angekommen, begeht Becker zwei weitere Diebstähle. Er wird gesehen, erkannt und von der Gendarmerie verfolgt. In der Nacht vom 27. Oktober 1820, wird Becker in Münster „aufgehoben" und nach umfassenden Geständnis nach Köln überführt. Vor seiner Flucht nach Dülmen hatte er große Teile des geraubten Domschatzes in Köln vergraben.
In einer feierlichen Zeremonie werden am 31. Oktober die Häupter der Heiligen Drei Könige aus dem beschädigten Schrein genommen, um sie während der Restaurierungszeit in einer versiegelten Holzkiste aufzubewahren. Mehr als vier Monate arbeiten Meister Pullack und die Söhne Wilhem und Anton an der Wiederherstellung.
Zum Dreikönigsfest 1822 kommen die Reliquien wieder in den Schrein. Unter Androhung empfindlicher Geldstrafen muß von nun an, laut Beschluß des Kirchenvorstands, „bei Zeigung des Kastens immer ein Priester im Priesterkleid danebenstehen". Dieser Priester habe auch für eine besondere Beleuchtung zu sorgen. Außerdem solle der Schlüssel des Eisengitters jetzt in fester Verwahrung bleiben und nicht mehr, wie bis dato üblich, am „Sakramentshäuschen aufgehangen werden".
Vergessen sei auch nicht der Domraub vom 27. Januar 1574. Damals war es Dieben gelungen, den „custos trium regum", den Wächter am Schrein zu täuschen und einen Teil der von Kaisern, Königen und Fürsten am Schrein der Heiligen Drei Könige niedergelegten kostbaren Weihegeschenke zu stehlen. „Es sind gar viele schöne Kleinodien, die auf einem Brett vor den hh. Drei Königen im Dom hingen, gestohlen worden; sie sollen viele tausend Gulden werth gewesen sein. Darunter war ein Onyx, ein Stein mit einem Angesicht, grösser als eine flache Hand, überaus köstlich; Perlen, so gross wie Kirschen, und viele andere Kleinodien von edlem Gestein, und Ringe von vielen Königen, Fürsten und Herren, von alten Zeiten dahingeschenkt", heißt es in alten Aufzeichnungen. Obwohl die Stadttore auf Ratsbeschluß zehn bis zwölf Tage geschlossen, jeder Ausreitende und Ausgehende untersucht und Wahrsager befragt wurden, blieb der Schatz verschwunden.

Mehr als 100 Jahre später, 1677, taucht der aus dem dritten Jahrhundert vor Christus stammende Ptolemäerkameo, den schon Albertus Magnus bewundert hatte, in Wien wieder auf. (Kameen sind geschnittene Steine mit einer erhaben gearbeiteten Darstellung.) In der Antikenabteilung des Kunsthistorischen Museums ist er bis heute zubewundern.
Spektakuläre Diebstähle sorgten zu allen Zeiten für Aufsehen. Leichtfertige Zerstörungen unserer Tage nimmt kaum jemand zur Kenntnis: Das gewaltsame Herausbrechen kleiner Steine, das Bekritzeln von Bänken oder das unsägliche Besprühen der Domwände mit „Graffiti“. Von anderen Sudeleien ganz zu schweigen. Dem Dom kann auch auf diese Weise die Würde geraubt werden.

IM DOM BEGRABEN

Der Hohe Chor als Grablege der Kölner Oberhirten

Durchschreitet der Besucher des Kölner Doms das nördliche Chorgitter unter der Orgelempore, befindet er sich im ältesten Teil der Kathedrale. 1265 wurde dieser Bereich des gotischen Domes fertiggestellt.

Mehr als 700 Jahre später entwarf August Essenwein den Plan für das Bodenmosaik, das den gesamten Binnenchor und fast den ganzen Chorumgang ausfüllt. In künstlerischer und technischer Hinsicht ist diese Bodenbedeckung meisterhaft gelungen. In diesem Kunstwerk aus abertausenden von Steinen liest man in neunzehn kleineren oder größeren „Medaillons" die Namen von Kölner Oberhirten. Von Maternus angefangen, dem vermutlich ersten Bischof in Köln, bis zu Paulus Kardinal Melchers. (Es wäre zu wünschen, daß die Namen der ihm folgenden Erzbischöfe auch bald in die noch freien Felder des letzten „Medaillons" im südlichen Teil eingefügt würden.) Hier ist eine mit drei großflächigen Bildern und vielen Wappen gestaltete lateinische Chronik aufgeschlagen, die – einer Girlande gleich – den gesamten Binnenchor einrahmt. Man kann dieses Bodenmosaik mit einem Wurzelstock vergleichen, der immer neue Blüten treibt: 93 an der Zahl. Die Anzahl der Oberhirten Kölns seit den Anfängen der Kölner Kirche im römischen Reich.

Dieses Mosaik gehört zur Grablege der Kölner Bischöfe. Ein Friedhof im Dom? So ist es. Nicht alle Kölner Bischöfe und Erzbischöfe sind hier bestattet. Viele fanden ihre letzte Ruhestätte in anderen Kirchen der Stadt; einige wurden in Domen und Kirchen außerhalb Kölns beigesetzt. Die Grabstätten mancher Bischöfe sind unbekannt. Die Oberhirten aber, deren Gräber wir im Dom zu Köln wissen, geben Zeugnis von der Lebendigkeit und Bewegtheit des politischen, kulturellen und kirchlichen Lebens in nahezu 2000 Jahren Christentum in Köln.

Die Grabdenkmäler, die in den Chorkapellen zu finden sind, greifen in Standort und Gestaltung einen besonderen Bezug auf: Axial auf den

immer nach Osten ausgerichteten Altar hin gebaut, schaut die Liegefigur (wo sie zu finden ist) zum Altar hin. Der Verstorbene nimmt sozusagen weiter teil an der Feier von Tod und Auferstehung des Herrn und teilt auf diese Weise seinen Glauben mit den Menschen von heute.
Schon bald nach der Fertigstellung des Kapellenkranzes im Jahre 1265 sind offenbar sechs Sarkophage aus dem „Alten Dom“ in diesen Teil des neuen gotischen Doms überführt worden. Man vermutet, daß durch die besondere Ausgestaltung dieser Bereich des Kölner Doms von Anfang an als Grablege für die Bischöfe ausgewiesen werden sollte. Die Hochgräber dieser frühen Zeit erinnern an: *Erzbischof Gero (969–976),* der das Gero-Kreuz im Kölner Dom stiftete. Sein Grabmal finden wir in der Stephanuskapelle. Die Tumba des *Erzbischofs Rainald von Dassel (1159–1167)* stand ursprünglich in der Mitte der Marienkapelle. Er brachte 1164 die Reliquien der Heiligen Drei Könige nach Köln. In der Mitte des 17. Jahrhunderts wurde seine Grablege an die Südwest-Wand der Marienkapelle versetzt und 1905 neu gestaltet. Um daran zu erinnern, daß *Erzbischof Philipp von Heinsberg (1167–1191)* den Kölner Bürgern erlaubte, ihre Stadt mit einer neuen Stadtmauer zu umgeben, bewehrt eine Mauerbrüstung sein Grabmal in der Maternuskapelle.
Schlicht wie die Grabtumba Geros war zunächst auch die des *Erzbischofs Engelbert I. von Berg (1216–1225).* Ursprünglich befand sie sich in der nach ihm benannten Engelbertuskapelle. Sie wurde im Jahre 1736 abgebrochen, nachdem bereits 1633 die Gebeine des inzwischen als heilig verehrten Kirchenfürsten in einen kostbaren Schrein eingebettet worden waren, der in der Schatzkammer ausgestellt ist.
Schließlich ist das Hochgrab des *Erzbischofs Konrad von Hochstaden (1238–1261)* zu erwähnen, der im August 1248 den Grundstein zum jetzigen gotischen Dom legte. Betrachtet man die Bronzeskulptur über seinem Grab in der Johanneskapelle genau, dann fällt auf, daß die Liegefigur in der Ansicht eines stehenden Bischofs gestaltet wurde. Ursprünglich in der Achskapelle bestattet, dort also, wo er den Grundstein des Doms gelegt hatte, mußte sein Grab später einen anderen Platz finden, weil ab 1322 der Dreikönigenschrein in dieser mittleren der Chorkapellen aufgestellt wurde. Das Hochgrab der als Heilige verehrten *Irmgardis,* die gegen Ende des 11. Jahrhunderts verstarb und in der Agneskapelle beigesetzt wurde, stellt eine Ausnahme dar, weil sie die einzige Frau ist, die im Dom eine solche Grabstelle fand.

Obwohl mit Konrad von Hochstaden der erste der Oberhirten des gotischen Domes auch in diesem Dom bestattet wurde, erstaunt es, daß seine vier Nachfolger nicht an diesem Ort beigesetzt wurden. Stadtpolitische Gründe sollten dies verhindert haben.
Erst sein fünfter Nachfolger, *Erzbischof Walram von Jülich (1332–1349)*, findet wieder sein Grab im Dom und zwar in der bis dahin noch nicht belegten Michaelskapelle. Ähnlich dem Grabmal dieses Bischofs – wohl vom gleichen Bildhauer geschaffen – ließ *Erzbischof Wilhelm von Gennep (1349–1362)* noch zu seinen Lebzeiten seine eigene Grabtumba im westlichen Teil des Hochchores vor einem von ihm gestifteten Altar errichten. Bis 1740 blieb sie an dieser Stelle stehen und kam später an die Stelle des Kreuzaltars im Kreuzchor. Vor dieser Grabstelle, zwischen den Pfeilern nach Westen hin, fand sein übernächster Nachfolger, *Engelbert III. von der Mark (1364–1368)* seine letzte Ruhestätte. Bevor er zum Erzbischof von Köln ernannt wurde, war Engelbert von 1346 an Bischof von Lüttich.
Aus Dankbarkeit für das Vermächtnis seiner Grafschaft ließ das Kölner Domkapitel einem weltlichen Adeligen, dem *Grafen Gottfried IV. von Arnsberg* in der Marienkapelle ein Grabmal errichten. Weil Übergriffe zu erwarten waren, sicherte man vorsorglich das Hochgrab durch ein Schutzgitter. Unmittelbar neben dem Marienaltar befindet sich das Hochgrab des *Erzbischofs Friedrich III. von Saarwerden (1370–1414)*. Es ist das letzte und zugleich größte und künstlerisch aufwendigste Hochgrab im Dom. Weil in dieser Zeitspanne sechs weitere Hochgräber im Dom errichtet wurden, ist schließlich noch auf das Grabdenkmal des *Erzbischofs Dietrich von Moers (1414–1463)* hinzuweisen. Er ließ es bereits zu Lebzeiten im Jahr 1460 gegenüber dem in der Achskapelle aufgestellten Schrein der Heiligen Drei Könige errichten. Es ist durch Standort und Anordnung in Deutschland ein Unikum. Dietrich selbst ist kniend und anbetend wiedergegeben und wird von Petrus der Madonna empfohlen, die über der von Wappenengeln flankierten Inschriftplatte thront und die Huldigung durch die Heiligen Drei Könige entgegennimmt. An diesem Grabmal im Kölner Dom ist zum ersten Mal ein „schwarzer" König dargestellt.
Verworren in politischer, kirchenpolitischer und religiöser Hinsicht waren die folgenden 119 Jahre. Nach dem Tod von Erzbischof Dietrich von Moers im Jahre 1463 gelangten Männer auf den erzbischöflichen

Stuhl zu Köln, die, von wenigen Ausnahmen abgesehen, entweder vom Kaiser zur Resignation gezwungen, vom Papst nicht bestätigt oder gar abgesetzt wurden. Die Geschichte kennt aus dieser Zeit auch den Rücktritt eines Erzbischofs und den Übertritt zum Protestantismus. Zwei andere Oberhirten starben, noch ehe sie überhaupt die Priester- und die Bischofsweihe empfangen hatten.
Lediglich zwei der „ehrbaren" Erzbischöfe dieser Zeit wurden im Kölner Dom bestattet. An *Erzbischof Adolf III. von Schauenburg (1547–1556)* erinnert ein Wandepitaph in der Stephanuskapelle. Seinem Bruder und Nachfolger, dem *Erzbischof Anton von Schauenburg (1556–1558)* ist das prachtvolle Grabmal, ebenfalls ein Wandepitaph in der Engelbertuskapelle, gewidmet.
Es wäre übertrieben zu behaupten, diese wenig ruhmreiche Zeit der Kölner Kirche sei mit einem Schlage zum Besseren gewendet worden. Nur langsam konnte sich damals die katholische Reform durchsetzen und dem kirchlichen Leben erneuerte äußere und innere Formen geben.
Von 1583 bis 1801 erlebte das Erzbistum Köln die Herrschaft bayerischer Kirchenfürsten: *Ernst von Bayern (1583–1612), Ferdinand von Bayern (1612–1650), Maximilian Heinrich von Bayern (1650–1688), Josef Clemens von Bayern (1688–1723),* der mit seinem Nachfolger *Clemens August I. (1723–1761)* in Bonn und Brühl kostspielige Bauten ausführen ließ.
Sie alle wurden in einer Gruft unter der Dreikönigskapelle beigesetzt. Ein Wandepitaph und eine weitere in die Wand eingelassene Marmortafel erinnern an ihr Wirken im Erzbistum Köln. An ihrer Seite wurde auch *Maximilian Friedrich von Königsegg-Rothenfels* bestattet, der als Erzbischof (1761–1784) im Jahre 1777 die Akademie in Bonn gründete. Die Grabstätte der „bayerischen" Erzbischöfe im Chorumgang bildet den Übergang zur Erzbischofsgruft unter dem Hohen Chor des Kölner Domes.
Durch die Ausgrabungsarbeiten, die im Mai 1946 begonnen wurden, ergab sich eine gute Möglichkeit, eine würdigere Ruhestätte für die dort bereits beigesetzten Kölner Oberhirten zu schaffen. Es wird erzählt, daß damals Kardinal Frings mit dem ersten Dombaumeister der Nachkriegszeit, Willy Weyres, über eine Leiter in die Grabstätte seiner Vorgänger hinabstieg. Als er sich in dem merkwürdigen Raum umsah, befand er: „Hier will ich nicht begraben werden; dann gehe ich zu meinen Ver-

wandten nach Neuss!" Dombaumeister Weyres versprach dem Bischof, diesen Begräbnisort neu zu gestalten. Als Kardinal Frings vom Zweiten Vatikanischen Konzil nach Köln zurückkehrte und wiederum in dem Raum unter dem Hohen Chor stand, meinte er: „Ja, jetzt ist es gut. Jetzt bleibe ich auch hier." Weyres hatte rechts und links neben einem Gang 16 Grabkammern geschaffen, die mit Steinplatten abgeschlossen sind. Von der dann später davor errichteten Krypta trennt ein schmiedeeisernes Gitter von Paul Nagel die für die Besucher nicht zugängliche Bischofsgruft.

Die Namen der hier Bestatteten sind an den Wänden aufgeführt. Es sind: *Ferdinand August von Spiegel,* der von 1825 bis 1835 Erzbischof von Köln war. Er sorgte sich mit Eifer um die Förderung des Priesternachwuchses. Sein Nachfolger ruht im Dom zu Münster. Es war *Clemens August II. von Droste zu Vischering (1836–1845),* der im Gefolge des Mischehenstreites bereits 1837 von der preußischen Regierung verhaftet wurde und somit daran gehindert blieb, sein Amt auszuüben. Bereits 1842 wurde deshalb der Bischof von Speyer, *Johannes von Geißel,* als Koadjutor für den verbannten Erzbischof bestellt, dessen Nachfolge er 1845 (bis 1864) als Kölner Erzbischof antrat. Er bemühte sich um ein vernünftiges Nebeneinander von Staat und Kirche. Gemeinsam mit König Friedrich Wilhelm IV. von Preußen legte er im Jahre 1842 den Grundstein zum Weiterbau des Domes. Während des Kulturkampfes trat sein Nachfolger, *Paulus Melchers (1866–1885)* mutig für die Belange der Kirche ein. Zunächst von der preußischen Staatsgewalt im Kölner Gefängnis Klingelpütz in Haft gehalten, lebte er von 1875 an im Exil in Maastricht und leitete von dort aus die Kölner Kirche. Auf Wunsch Roms, das um einen Ausgleich mit der Regierung bemüht war, trat er 1885 von seinem Amt zurück. Fast 82jährig starb er 1895 in Rom. Dann leitete der vormalige Pfarrer in Koblenz und spätere Bischof von Ermland, *Philipp III. Krementz,* von 1885 an bis 1899 das Erzbistum Köln. Nur zwei Jahre, von 1900 bis 1902, dauerte die Regierungszeit von *Erzbischof Hubertus Theophilus Simar.* Auf sozialpolitischem Gebiet, besonders in der Förderung der interkonfessionellen Gewerkschaften, leistete *Erzbischof Antonius Fischer (1893–1912)* Beachtliches.

Als Bischof von Münster wurde 1913 *Felix von Hartmann* auf den erzbischöflichen Stuhl in Köln berufen. Der Erste Weltkrieg mit all seinen Nöten lastete schwer auf seinem Episkopat, in dem er sich bis zu seinem

Tod (1919) besonders um die Soldatenseelsorge bemühte. *Karl Joseph Schulte* war Erzbischof von Köln von 1920 bis 1941. In seine Zeit fällt die Abtrennung des Bistums Aachen vom Erzbistum Köln im Jahre 1930. Sein Nachfolger, der während des Zweiten Weltkrieges gewählte *Josef Frings (1942–1969),* setzte sich ebenso gegen das Unrecht des Dritten Reiches zur Wehr wie er sich nach dem Ende des Krieges für die notleidende Bevölkerung einsetzte. Die 700-Jahr-Feier des Kölner Doms im Jahre 1948 wurde unter ihm als Kardinal zu einem tief beeindruckenden Zeichen der Versöhnung. Die Gründung der Hilfswerke ADVENIAT und MISEREOR weist ihn zugleich als einen Mann aus, der weltweit dachte, und dem die Einheit der Weltkirche am Herzen lag. In seinen Beiträgen während des Zweiten Vatikanischen Konzils trug er wesentlich zum Gelingen dieser bedeutenden Kirchenversammlung bei. Er starb 1978.

Joseph Kardinal Höffner, ein Sohn des Westerwaldes, Professor in Münster und bald auch Bischof von Münster, wurde 1969 Erzbischof in Köln. Zu seinem Tod im Jahre 1987 schrieb Papst Johannes Paul II.: „Als sorgender Hirte und Mahner des Glaubens ging er seinen Gläubigen in beispielhafter Weise voran auf dem Weg treuer Nachfolge Jesu Christi, in opferbereiter Liebe zur Kirche und den Menschen, besonders den Benachteiligten und Hilfsbedürftigen."

Der Friedhof im Dom stimmt nachdenklich und verwickelt mit den Toten, die hier ruhen, den Besucher und Betrachter in die Geschichte des Erzbistums Köln.

Seien schließlich von den übrigen Gräbern in der Kathedrale noch drei weitere erwähnt. An einem Pfeiler des nördlichen Seitenschiffes bemerkt der Besucher eine weiße Marmortafel. In lateinischer Sprache erinnert sie an den Grafen Emundus von Friesheim, der nach 825 starb und seine Ruhestätte unmittelbar an der Mauer der Kirche fand, die in der Mitte des 9. Jahrhunderts durch einen Brand zerstört wurde. In einem anderen Beitrag dieses Buches (Seite 86) wird näher auf ihn eingegangen.

Am Gitter der Johanneskapelle werden wir auf das Wandgrab der seligen Richeza hingewiesen. Schon in jungen Jahren wurde die um 1000 geborene Enkelin Kaiser Ottos II. und Theophanus mit dem späteren König von Polen, Miezko II., vermählt. Nach dem Tod ihres Gatten kehrte Richeza nach Deutschland zurück, wo sie im Jahre 1063 starb. Zuerst in der Kirche St. Maria ad gradus beigesetzt, wurden ihre Gebeine nach

dem Abbruch der an der Ostseite des Doms gelegenen Kirche 1817 an diese Stelle überführt.
Schließlich noch ein Hinweis: Bei der Herrichtung der Bischofsgruft stieß man zufällig auf die Gräber einer fränkischen Adeligen und eines adeligen Knaben. Ursprünglich hatte man beide wohl um die Mitte des 6. Jahrhunderts in einer kleinen Kapelle innerhalb eines Atriums beigesetzt. Bei der Erweiterung des damaligen Kirchenbaus wurden die Kapelle niedergerissen, die Gräber überbaut und dadurch vor Plünderungen bewahrt. Man könnte fast sagen: diese Verstorbenen aus fränkischer Zeit wurden vom Dom selbst im Dom begraben.

DER KÖLNER DOM

Graublau und feierlich und ungeheuer
Auftürmt sich dieser Felsen Majestät,
Die Luft der Berge steht um ihr Gemäuer,
Wie sie um allerhöchste Berge steht.

Die Massen haben grauenhaft vermessen
Ins Unwahrscheinliche hinaufgestrebt,
Bis sie das Irdische restlos vergessen
Und sich im Stein zu Gott hinangelebt.

Und wie der Blick an Graten, Riffen, Rippen
Aufkletternd ihren Bau noch einmal baut,
Stürzt plötzlich schaudernd er herab die Klippen,
Wie er sie vor den Wolken schwankend schaut.

Und schwindelnd taumelt er durch Klüfte nieder,
Darin die ewig blaue Dämmerung weht.
Und wird beruhigt erst und sicher wieder,
Wie er an des Gebirges Fuße steht.

Grabmal des Kölner Erzbischofs Konrad von Hochstaden.

Der ungewöhnliche Blick aus dem Dachreiter zu den Domtürmen.

Der Dom auf Briefmarken.

Wintersonne zwischen den Domtürmen.

ORDNUNG MUSS SEIN

Von der nicht leichten Arbeit der Domschweizer

Klagen über das Verhalten von Dombesuchern gibt es, solange die Kathedrale besteht. Störendes Umherlaufen, lautes Reden und mangelnde Ehrfurcht im Dom waren immer schon ein Ärgernis. Solche Mißstände veranlassten 1686 das Domkapitel einzugreifen. Mit drastischen Mitteln sollte verhindert werden, „durch hiesige Thumb Kirche keine Kuchen Prouision oder häußlicher Nahrung Sachen dar durch tragen zu laeßen“.

Die vom Kapitel beschlossenen Maßnahmen scheinen nicht wirksam gewesen zu sein. 1705 müssen sich die hohen Domherren erneut mit „Exzessen in hiesiger Thumb Kirchen“ befassen. Ihren Unmut hatte erregt, daß im Dom, „gleichsamb einer frey offenen Passage“ jeder mit seinen Waren durch die Kirche gehe und den Dom als Abkürzung benutze. Selbst Lichter mitten in der Kirche zu verkaufen, scheuten sich die Kölner nicht, kritisierte das Kapitel. Ärger riefen außerdem „Discours und Glächter“ und die „auff und ab Spatzerey, nicht ohne groeste Argernuß und Verohnehrung“ hervor. Abhilfe sollte nach dem Willen der edlen Domkapitulare die „Einstellung armer starker Männer“ schaffen.

Möglicherweise handelt es sich bei besagten „armen starken Männern“ um die Vorfahren, jener Spezies, die in „wissenschaftlichen“ Kreisen „Helvetici cathedrales“, vom Volksmund „Zerberusse des Doms“ und in der kirchlichen Amtssprache „Domschweizer“ genannt werden.

In ihren roten, mit schwarzem Samt besetzten Talaren, die schwarzen Birette auf dem Kopf, einen Opferkasten aus Holz vor dem Bauch, stehen sie im Dom. Mit Argusaugen haben sie die Menschenströme im Blick.

Sie stellen Kerzen auf, verteilen Gebetbücher und bahnen Prozessionen den Weg. Sie sind für die Beleuchtung der Kathedrale zuständig und oft beantworten sie die Fragen der Besucher. Ihre Aufgabe ist es, Randalierern, Tieren und allzu leicht bekleideten Touristen den Einlaß zu verwehren. Kurzum: Die 26 Domschweizer sorgen für Ordnung in dem 750 Jahre alten Gotteshaus.

Jeweils vier Schweizer, der Name leitet sich wahrscheinlich von der Schweizer Garde des Papstes ab, sind in der Regel im Einsatz. In drei Schichten, von 6 bis 14 Uhr, 14 Uhr bis 20 Uhr und 20 bis 6 Uhr wird zum Stundensatz von 15,60 Mark Dienst geschoben.

Früher waren es fast ausschließlich ältere Männer, die sich durch den Schweizerdienst ihre Rente aufbesserten. Katholisch zu sein ist eine Voraussetzung für den Schweizerdienst. Mit seinem Anstellungsvertrag bekommt jeder neue Schweizer die „Richtlinien für den Schweizerdienst" ausgehändigt.

Ein Punkt der Richtlinien befaßt sich mit der Höflichkeit. Sie ist im Umgang mit Dombesuchern oberstes Gebot: „Die Schweizer sind die Visitenkarten des Domes und werden gebeten (auch wenn ein Besucher einmal einen falschen Ton anschlägt), in ihren Anordnungen bestimmt, aber höflich zu sein. Der unbequeme Besucher muß von der Persönlichkeit des Schweizers so beeindruckt sein, daß er willig den Anordnungen Folge leistet."

Eine Dienstanweisung aus den 20er Jahren verlangte vom Schweizer, er „soll ein ruhiges gemessenes Wesen haben, dem männlicher Ernst nicht fehlt. Daher sind Unterhaltungen mit den Besuchern nicht gestattet". Strengstens wurde ihm der Verkauf von Postkarten und religiösen Medaillen sowie das Führen von Fremden untersagt. „Trinkgelder von Reisebüros, Fremdenführern oder Dolmetschern darf er unter keinen Umständen annehmen." Nach dieser Ordnung hatte der Schweizer darauf zu achten, „daß jeder, der sich anständig beträgt, den Dom ungestört besuchen kann". Belästigungen oder Störungen durch Fremdenführer oder Dolmetscher, sollte er unverzüglich abstellen. „Er verhindere es jederzeit, daß Personen Arminarm durch den Dom gehen. Weibliche Personen in Hosenkostümen gehören nicht in den Dom", lautete damals die Anweisung.

In der Regel gelingt es den Männern in Rot, das elfte Gebot aller Domschweizer „Du sollst höflich sein", zu befolgen. Humor und rheinische Schlagfertigkeit erweisen sich dabei als hilfreich.

In die Annalen der Domschweizer ist die Geschichte eines Kollegen eingegangen, der das Problem mit „dem Hund" hatte: Der Schweizer am

Hauptportal bemerkt, wie eine junge Frau mit einem kleinen Hund auf dem Arm, durch die Drehtür das Gotteshaus betritt. Auf seinen freundlichen Hinweis, daß Tieren der Zutritt verwehrt sei, reagiert die Frau empört: „Auch dieses Tier ist ein Geschöpf Gottes." Die Antwort des Schweizers kommt wie aus der Pistole geschossen: „Wenn der Hungk mir dat Vaterunser fürbedde kann, dann loß ich euch zwei erin." Perplex drehte sich die Frau auf dem Absatz herum und verschwand.
Bei Neueinstellungen bemüht man sich, Kölner oder zumindest Rheinländer zu nehmen. „Die können mit den verschiedenen Mentalitäten der Besucher besser umgehen", ist man in der Personalstelle der Hohen Domkirche überzeugt.
Sollten Besucher den Dom mit dem Hauptbahnhof oder einem Museum verwechseln und den Ermahnungen der Domschweizer nicht Folge leisten, machen auch rheinische Frohnaturen im roten Talar nicht viel Federlesen, etwa als sich vor einiger Zeit ein nacktes Paar auf dem Hauptaltar fotografieren ließ. Im Eifer des „Gefechts" geht es dann manchmal ein wenig ruppig zu. Beschwerdebriefe an den Dompropst sind nicht nur Zeichen unserer Zeit.
So beklagt sich 1870 ein Schweizer Bürger aus Winterthur in einem Brief über einen Kölner Domwächter. Als er mit seiner Frau den Dom besucht habe, schreibt der Eidgenosse, „wurde ich zu meinem größten Erstaunen von dem Schweizer N. angefallen, und zwar das er sagte, er wolle mir alles für ein kleines Trinkgeld zeigen. Als ich verneinte wurde er grob und sagte, Er wäre Schweizer und ich dürfe nicht alleine in der Kirche Herum gehen. Er wäre Schweizer und dürfte das nicht leiden". Nun fragt der Mann an, „ob man dann nicht eine Katholische Kirche ohne von dem Schweizer herum geführt zu werden besuchen kann oder ob man so einen lästigen Mann bezahlen muß. Sollte es der Fall sein, daß der Schweizer gefehlt hat, so bitte ich Sie doch ihn zu warnen, damit er nächstens die Fremden ungeschoren läßt".
Es war kein Aprilscherz, was im „Beratungsprotokoll der Kapitelssitzung" vom 1.April 1871 vermerkt ist. Dort heißt es: „Auf Veranlassung eines Vorfalls wird beschlossen, den Schweizern einzuschärfen, wenn sie bei Besichtigungen des Doms durch hohe Herrschaften Bemerkungen zu machen haben, diese an ein Mitglied des Gefolges, nicht an die hohen Herrschaften selbst zu richten." Leider verschweigt das Protokoll, worin dieser „Vorfall" bestand.

Gerne hätte man auch gewußt, wie die Mitglieder des Domkapitels auf eine kurze Notiz in der Kölnischen Zeitung vom 8. Juli 1874 reagiert haben. Unter der Überschrift „Kölner Local-nachrichten“ war zu lesen: „Unseren Domschweizern ist bekanntlich, und mit Recht, der Auftrag gegeben, während des Gottesdienstes keinerlei Störungen von Besuchern des Domes zuzulassen. Hoffentlich wird denselben aber nicht der Wortlaut der an die Contravenienten zu richtenden Ansprachen vorgeschrieben sein, denn sonst müßte folgende Anrede, womit einer dieser Herren am verflossenen Sonntag während der Neun-Uhr-Messe recht vernehmlich mehrere Damen erfreute, denn doch mehr als sonderbar klingen: „Während des Gottesdienstes dreht man“, so sprach höchst salbungsvoll der Herr im rothen Gewande, „dem Altare nicht den H... zu, das ist ja gerade, als wenn ein Pferd verkehrt im Stalle steht!“. Aber wahrscheinlich“, schreibt der Redakteur weiter, „muß der Schweizer ein Morgenländer sein, daß ihm eine so geschmackvolle Bildersprache zu Gebote steht.“
Pünktlich um 19.25 Uhr ertönt jeden Abend durch die Kathedrale der Schweizerruf: „Der Dom wird geschlossen.“ Oft steht Heinrich Schmitz dann am Hauptportal. Seit mehr als zehn Jahren ist er als Schweizer im Dienst der Hohen Domkirche. Immer wieder fasziniert es den inzwischen 75jährigen, wie die Besucher aus der Kathedrale nach draußen strömen und in der hektischen Menschenmenge auf der Domplatte verschwinden. „Dat es wie die Vertreibung us em Paradies“, meint Schmitz. „Jo, dat stemp“, antwortet ein kölscher Grielächer, „ävver jottseidank, mat ihr Schweizer jo morje fröh um sechs widder die Potz op.“

DER DOM MIT DEN VIELEN ZACKEN

Kölns berühmtes Bauwerk auf Briefmarken und Stempeln

Täglich werden in Köln stapelweise Ansichtskarten mit Bildern des Kölner Doms verschickt. Aber der Dom ist mit Briefmarken, die ihn zeigen, sein eigener Botschafter, der sich weltweit vorstellt. In der Briefmarkenzeitschrift „Gabriel" findet sich im Doppelheft 8/9 des Jahrgangs 1993 ein Artikel unter der Überschrift „Der Kölner Dom in interessanter Sicht." Darin steht die folgende Notiz: „Dominika gab 1992 einen Briefmarkensatz zum 25. Todestag von Konrad Adenauer heraus. Der dazugehörige Block (Mi. 1635) zeigt einen großen Ausschnitt aus der Hauptfassade des Kölner Domes. Gesamtansichten auf Briefmarken gibt es schon viele. Aber dieser Ausschnitt ist philatelistisch betrachtet eine Einladung zum Schmunzeln. Auf dem Blockrand wird der Zusammenhang mit Konrad Adenauer in Englisch angegeben. Übersetzt heißt es da: ‚Kölner Kathedrale – Köln, Deutschland – Geburtsstätte von Konrad Adenauer.' Wer ist bei dieser recht mehrdeutigen Inschrift nicht versucht zu denken, Konrad Adenauer sei im Kölner Dom oder auf den Stufen vor dem Dom geboren worden."
Mehrere andere überseeische Staaten haben ebenfalls Konrad Adenauer, den ersten Bundeskanzler der Bundesrepublik Deutschland, philatelistisch geehrt und dabei oft den Kölner Dom als Wahrzeichen Deutschlands gezeigt: Benin (Mi. 58), Mali (Mi. 529) und die ehemalige deutsche Kolonie Kamerun (Mi. 528 und 827). Das kommunistische Nord-Korea brachte zur Ausstellung „Luposta Köln 1983" eine Ansicht der linksrheinischen Kölner Rheinfront, von Zeppelinen überflogen, wobei natürlich auch der Kölner Dom gut sichtbar ist (Mi. 2333–2334). Weitere Marken aus der Dritten Welt mit dem Kölner Dom: ein Weihnachtsblock aus Dominika (Karibik) mit „Berühmten Kathedralen" (Mi. 656), wobei auf einer zweiten Blockmarke die St.-Patrick-Kathedrale in New York dem Kölner Dom beigesellt ist; Südkorea anläßlich des Besuches des dortigen Staatspräsidenten Chon in Europa (Mi. 1444); Madagaskar im Jahre

1994; Panama in einem Satz zum 2. Vatikanischen Konzil mit vielen berühmten Kathedralen aus aller Welt (Mi. 690); Togo in einem Weihnachtssatz mit vielen bedeutenden Kirchen (Mi. 1504); das arabische Scheichtum Umm-al-Qiwain anläßlich der Europareise des japanischen Kaiserpaares (Mi. 845). Erinnert sei an eine Marke von Grenada (Karibik), die 1990 das Ende des 2. Weltkrieges zum Thema hat, weiterhin an den Einmarsch der US-Truppen in Köln am 5. 3. 1945 (Mi. 2113); hier ragt der Kölner Dom inmitten von Trümmern und einem brandroten Hintergrund scheinbar unverletzt gen Himmel.
Europäische Staaten haben es sich nicht entgehen lassen, den Kölner Dom auf Briefmarken abzubilden: Bulgarien anläßlich der Internationalen Postwertzeichenmesse „Philatelia 1985“ in Köln auf einem Block (Mi. 3413); San Marino (Mi. 901) in einem Sondermarkensatz „Gotische Kathedralen Europas“; die russische Föderation („Rossija“) in einem Sondermarkensatz „Kathedralen der Welt“ (Mi. 373). Der Vatikan erinnert mit einer Marke an den Deutschlandbesuch des Heiligen Vaters Papst Johannes Paul II. in Deutschland vom 15. bis 19. November 1980 (Mi. 801). Die Marke und die zugehörige Maximumkarte zeigen nicht nur eine Außenansicht des Domes von der Südseite, sondern auch einen Blick in das Innere. Es ist wohl die einzige Marke, die das Innere des Domes abgebildet hat.
Für Briefmarkensammler stellt sich natürlich die Frage, wie Deutschland den Kölner Dom philatelistisch behandelt hat. Hier ist zunächst an eine Marke vom Deutschen Reich (Mi. 262) zu erinnern, die älteste Marke mit dem Kölner Dom überhaupt und dazu mit einem unwahrscheinlich hohen Wert von 10 000, nicht Pfennig, sondern Mark! Diese Marke ist 1923 in der Inflationszeit erschienen. (Im November 1923 erreichten deutsche Briefmarken einen Höchstwert von 10 Milliarden Mark!) Ab Mai 1924 konnte man den Kölner Dom dann auf einer deutschen Marke mit dem immer noch recht hohen Wert von 2 Reichsmark sehen in einem Blick auf das linke Kölner Rheinufer (Mi. 365 und 440).
Das Kölner Domjubiläum 1948 (700-Jahr-Feier der Grundsteinlegung des Kölner Domes) wurde von der Post mit einem vierteiligen Sondermarkensatz bedacht; zwei Marken zeigen den Dom von außen (Mi. 71–72). Die „Deutsche Post“ brachte dann ab September 1948 den Kölner Dom auf verschiedenen Dauer-Werten von 5 bis 90 Pfennig (Mi. 75 ff). Der 77. Deutsche Katholikentag in Köln im Jahre 1956 war

Anlaß, den Grundriß des Kölner Domes auf einer Sondermarke zu zeigen, und zwar hinter einer zum Schwur erhobenen Hand (Mi. 239). 1980 gedachte man der Vollendung des Kölner Domes 100 Jahre zuvor (1880) mit einer Sondermarke, die die Einführung des Schlußsteines in die Kreuzblume des Südturmes des Doms zeigt (Mi. 1064). 1980 behandelte Berlin-West im Rahmen der jährlichen Zuschlagmarken für die Jugend das Thema „Luftfahrt“; der höchste Wert zeigt einen Hubschrauber Sikorsky S-55 aus dem Jahr 1949, im Hintergrund aber den Kölner Dom (Mi. 620). 1988 erschien eine Sondermarke zum Thema „600 Jahre Kölner Universität“; im Vordergrund sieht man moderne Gebäude, im Hintergrund aber die Kölner Domtürme (Mi. 1370). Die neueste Marke mit den Kölner Domtürmen erschien im Februar 1997 anläßlich „175 Jahre Kölner Karneval“ (Mi. 1903); außer zwei Roten Funken, die „Stippeföttche tanzen“ („wibbeln“), sieht man das Kölner Wappen mit den Kronen der Heiligen Drei Könige und den elf Flammen der heiligen Ursula und ihrer Gefährtinnen; im Hintergrund – in närrischer Weise etwas schief gestellt – die Kölner Domtürme. Übrigens veröffentlichte die Deutsche Post zu dieser Marke insgesamt 29 Entwürfe, von denen mindestens 22 in ähnlicher Form die Türme des Kölner Domes zeigen – ein Hinweis auf die enge Verbindung zwischen Karneval und Kirche in Köln. Nicht vergessen sei, daß die DDR einmal den Kölner Dom auf eine Briefmarke brachte (Mi. 445), und zwar zum Tag der Briefmarke 1954; außer einer verkleinerten Briefmarke in der Mitte sieht man rechts das Völkerschlachtdenkmal in Leipzig und links den Kölner Dom; dazu die Inschrift „Für Frieden, Einheit, Freiheit“. Der Kölner Dom als Symbol der Einheit Deutschlands!

Die Kunstschätze des Kölner Doms sind nur spärlich auf Briefmarken „verewigt“. Erinnert sei noch einmal an die Serie zum Kölner Domjubiläum 1948; dabei zeigen die ersten zwei Werte Ausschnitte aus Domfenstern: Maria und die Heiligen Drei Könige (Mi. 69–70). Der Hauptschatz des Kölner Domes, nämlich der Schrein der Heiligen Drei Könige, ist philatelistisch leider nicht belegt. Dagegen finden wir das sogenannte Kölner Dombild, die Anbetung der Heiligen Drei Könige von Stephan Lochner (1400–1451), gleich zweimal auf Briefmarken beziehungsweise Blocks: einmal vom afrikanischen Staat Liberia in einem Satz Weihnachtsmarken 1970 (Mi. 764), zum anderen in einer Edition Nord-Koreas zur Ausstellung „Luposta 1983“ in Köln (Mi. 2335).

Der Bericht über den „Dom mit den vielen Zacken“ wäre nicht vollständig, ohne auf verschiedene Stempel hinzuweisen, die den Kölner Dom zeigen. Einige Beispiele sollen genügen: Sonderstempel zu verschiedenen Anlässen, Freistempel der Stadt Köln oder des Erzbistums Köln und seiner Unterabteilungen, zum Beispiel Diözesanfilmstelle usw. Erwähnt sei eine Ganzsache der DDR zur Philatelia 1985 in Köln, die links den Kölner Dom zeigt. Ferner westdeutsche Bildpostkarten, die ebenfalls in der linken Hälfte den Kölner Dom im linksrheinischen Kölner Stadtbild sehen lassen.

NACH MASS, ZAHL UND GEWICHT GEORDNET (BUCH DER WEISHEIT 11,20)

Der Kölner Dom in Zahlen

Selbst ein altgedienter Dombaumeister kann aus der Fassung geraten, wenn er zum vierhundertfünfzigsten Mal die Frage hört: „Wie schwer ist der Dom?“ Denn eine solche Meßzahl sagt überhaupt nichts über das Wesen und den Sinn der Kathedrale aus, ja nicht einmal etwas über ihre Größe. So greift man dann unwillig auf einen Kleinbeitrag im Kölner Domblatt von 1954 zurück, in dem der Domtechniker Josef Gerdom und der Erzdiözesanstatiker Karl Paar das Gewicht des Domes auf 120.000 Tonnen ermittelt haben, allerdings nur die Masse über der Erde. Aus den seit 1946 laufenden Ausgrabungen und den Erfahrungen während des Baues der U-Bahn und der Tiefgarage ist bekannt, daß die Fundamente in der Regel das gleiche Gewicht haben wie die über ihnen stehenden Bauteile, manchmal aber auch das doppelte. So wird ein Wert um 300.000 Tonnen für die gesamte Steinmasse nicht zu hoch gegriffen sein. Das ist das Gewicht von 5000 startbereiten Jumbo-Jets, aber nur 5 % der Masse der Cheops-Pyramide.

HEILIGE ZAHLEN

Natürlich ist es nicht ganz abwegig, bei Kirchen nach Maßzahlen zu fragen. Zwar schweigt das Neue Testament in auffälliger Weise über jegliche den Kirchenbau betreffende Frage, doch der Alte Bund gibt sich nicht so verschlossen. Hier (Ex. 28, 9–14) werden zum Beispiel die Maße für den Zaun um das Heilige Zelt mit 50 x 100 Ellen angegeben. Mangels anderer Angaben griff man dies im Mittelalter gerne auf, und so gab man dem Alten Dom im Langhaus eine Fläche von 77,5 x 155 Fuß, was in etwa den biblischen Abmessungen entspricht, im Gesamtumriß aber von 240 x 120 Fuß, also beidemal im Verhältnis 1:2 wie beim Heiligen Zelt.

Auch sogenannte Heilige Zahlen wurden gerne verwendet, Zahlen also, die in der Schrift oft erwähnt werden. Als solche gelten die drei, die vier, die sieben, die zwölf, die 144 und viele andere, darunter auch 10, 50 und 100. Von besonderer Bedeutung ist hierbei die Zahl sieben, die in der Heiligen Schrift insgesamt 322mal vorkommt. Daher ist es kein Wunder, daß viele Kathedralen sieben Chorkapellen haben, auch der Kölner Dom.

Eine andere wichtige Zahl, die zwölf, erscheint in der Schrift 189mal. So gibt Johannes in der Geheimen Offenbarung an (21,12) daß das Himmlische Jerusalem zwölf Tore hat. Deshalb sollte eine Kathedrale, die als Sinnbild des Himmlischen Jerusalem gilt, auch zwölf Türen haben. Da der Kölner Dom aber nur drei Fassaden mit je drei Portalen hat, kam man nur auf neun. Man half sich, indem man dem jeweils mittleren Portal zwei Türen gab. So kommt man auf drei mal vier, also zwölf Türen. Auf den Toren des Himmlischen Jerusalem stehen zwölf Engel. Am Kölner Dom stehen sie auf den sieben Chorkapellen, und zwar auf den fünf mittleren je zwei, auf den beiden äußeren aber nur einer. Sehr viel zahlreicher sind die Figuren in den Portalen. Am Westportal gibt es 59 große Standfiguren und 108 Sitzfiguren in den Bogenläufen, dazu noch etwa 100 in den Reliefs über den Türen, 43 Figuren in den Lauben in 10 m Höhe, 11 Heiligengestalten in etwa 50 m Höhe und nochmals 32 Engel mit Leidenswerkzeugen in 85 m Höhe, so daß an der Westfassade etwa 350 Figuren stehen. An der Südfassade sind es 38 Standfiguren und 118 Sitzfiguren, an der Nordseite 30 Standfiguren und 118 Sitzfiguren, dazu nochmals je 100 im Tympanon. Zusammen sind das 865 Figuren am Außenbau. Dabei sind die vielen Wasserspeier und Auffangfigürchen, die Engel in den Baldachinen, die Tiere in den Wimpergen und zahlreiche andere Gruppen noch nicht mitgezählt.

SINNBILD DES HIMMLISCHEN JERUSALEM

Zwölf ist auch die Zahl der Apostel. Man hat im Chor des Domes zwölf Apostelfiguren an die Pfeiler gestellt, an die beiden letzten aber Christus und Maria. Die Rechnung geht genau auf, kein Pfeiler bleibt übrig. Doch nicht nur im Chor, sondern auch an den Pfeilern von Lang- und Querhaus stehen Figuren, die allerdings erst zwischen 1865 und 1880 ausgeführt wurden. In der Vierung sind es vier Evangelisten und vier Kirchenväter,

im Querhaus 18 Heilige und sechs Engel, im Langhaus 10 Heilige und zwischen den Türmen 18 Gestalten des Alten Bundes. Zusammen sind das 74 überlebensgroße Steinfiguren, dazu noch 14 kleinere Engel.
Von den fünfzehn Fenstern im Obergaden des Chores, deren Glasgemälde alle noch aus der Zeit um 1300 stammen, haben die zehn westlichen je vier Bahnen, die fünf im Chorschluß aber je zwei. Es stehen also insgesamt genau 50 Bahnen zur Verfügung. Da im Mittelfenster Maria mit dem Jesuskind dargestellt ist, das von den Heiligen Drei Königen angebetet wird, bleiben 48 Bahnen übrig, in die königliche Gestalten eingestellt wurden. Schaut man genauer hin, erkennt man, daß sie abwechselnd bärtig und bartlos dargestellt sind. Es sollen wohl 24 alte und 24 junge Könige sein. Was damit gemeint war, ist nicht überliefert. Wahrscheinlich sollen die 24 jungen die Könige von Juda darstellen, also die Vorfahren Christi, wie sie auch am Westportal von Chartres vermutet werden, die 24 alten wären dann die Ältesten, die Johannes in der Apokalypse erwähnt. Zusammen umstehen sie, wie es dort heißt, „das Lamm auf dem Throne“ (5.1–14), das wäre hier Christus als Kind auf dem Schoße seiner Mutter. Die Glasgemälde im Chor versinnbildlichen also wiederum das in der Geheimen Offenbarung beschriebene Himmlische Jerusalem.

IN FUSS UND IN METER

Wie 50 und 100 heilige Zahlen sind, so muß auch 500 als heilige Zahl gesehen werden. Deshalb wurde bei vielen Kathedralen eine Länge von 500 Fuß angestrebt, das sind, je nach dem, welchen Fuß man wählt, zwischen 125 und 200 Meter. Beim Kölner Dom mit seiner Gesamtlänge von 144,58 m wäre demnach ein Fuß von 28,9 cm zu Grunde gelegt worden. Vermutlich sollten auch die Türme 500 Fuß hoch werden. Doch bereits im Mittelalter hielt man sich nicht genau an den gezeichneten Pergamentplan und führte die Strebepfeiler deutlich steiler aus, so daß die Architekten des 19. Jahrhunderts gezwungen waren, die Türme mit insgesamt 157,38 m mehr als zehn Meter höher zu machen, um die von vielen Abbildungen vertraute Gesamtform wieder zu erreichen.
Die innere Höhe des Mittelschiffes entspricht dagegen mit 43,35 Metern ziemlich genau 150 Fuß, was übrigens in etwa auch das lichte Maß der inneren Breite des Langhauses ist. Dieses wäre demnach durch sechs, nämlich in zweimal zwei Seitenschiffe von 25 Fuß und ein Mittelschiff

von 50 Fuß geteilt. Aber an diese Rechnung hielten sich die mittelalterlichen Baumeister nicht. Ihnen war es wichtiger, daß der Dom gut aussieht als daß die Maße genau stimmen. So machten sie zwar das Mittelschiff mit 14,45 m genau 50 Fuß breit, das innere Seitenschiff aber mit 8,15 m Achsweite wesentlich breiter als das äußere mit nur 7,20 m. Die Gesamthöhe des Domes teilten sie durch sieben, so daß auf die unteren Bögen drei Teile entfielen, eins auf das Triforium und wiederum drei auf die oberen Fenster. Aber auch dies stimmt nicht genau, denn die Arkaden sind ein wenig höher, die Fenster aber ein wenig niedriger als dieses Maß. Nur das Triforium stimmt genau. Vermutlich sollte erreicht werden, daß ein perspektivischer Effekt entsteht und dadurch der Obergaden höher wirkt.

FLÄCHEN UND KUBIKMETER

Die Raumeinheit zwischen vier Pfeilern, die ein Gewölbefeld tragen, bezeichnet man als Joch. Dabei sind die längsrechteckigen Mittelschiffjoche doppelt so groß wie die quadratischen Seitenschiffjoche, die Vierung aber so groß wie zwei Mittelschiffjoche. Von der Vierung zählt man nach Westen sechs Joche, dazu zwei zwischen den Türmen. Jedes der Querhäuser hat vier Joche, der Chor einschließlich des polygonalen Schlußjoches fünf. Insgesamt gibt es also 22 Hochschiffgewölbe. In den Seitenschiffen gibt es einschließlich der Türme und der sieben fünfseitigen Chorkapellen 70 Gewölbe, zusammen mit denen der Hochschiffe 92. Das sind aber nur die im Inneren des Domes. Daneben gibt es im Sakristeibereich, in der Schatzkammer und in den Türmen noch weitere 28 Gewölbe, macht insgesamt 120. Diese Gewölbe werden von 64 Freipfeilern getragen, doch auch die Wände tragen mit, vor allem die ihnen vorgelegten Wandpfeiler, die zusammen mit den Freipfeilern ein regelrechtes Raster bilden. Zählt man alle Rasterpunkte zusammen, kommt man, ohne den Rundchor, auf genau 100, mit dem Rundchor aber auf 140. Die Fläche, die die Gewölbe des Innenraumes überdecken, beträgt 6166 Quadratmeter, insgesamt mißt die vom Dom überbaute Fläche einschließlich aller Mauern und Pfeiler sowie der Sakristei 7914 Quadratmeter.
In den Seitenschiffen gibt es 32 vierbahnige Fenster, von denen allerdings nicht alle vollständig geöffnet sind. Dazu kommen 19 zweibahnige Fenster in den Chorkapellen, so daß man unten 51 Fenster zählt. Im Ober-

gaden gibt es 42 vierbahnige und fünf zweibahnige Fenster, dazu drei sechsbahnige in den Fassaden. Das macht oben genau 50 Fenster, im gesamten Innenraum 101 Fenster mit 362 Fensterbahnen. Weitere 36 Fenster, davon 16 unverglast, gibt es in den Türmen, dazu sechs in der Sakristei und das verglaste Chörchen am Kapitelsaal. Damit beträgt die Gesamtzahl der Fenster 144. In ihnen befinden sich etwa 10.000 Quadratmeter Bleiverglasung, davon etwa 1350 Quadratmeter mittelalterliche und etwa 950 Quadratmeter neuzeitliche Glasmalerei.
Viele Quadratmeter messen auch die mit Blei gedeckten Dachflächen des Domes. Alleine das in 45 m Höhe beginnende und bis auf 60 m reichende Dach über den Mittelschiffen hat eine Fläche von 5800 Quadratmetern. Etwa die gleiche Größe haben die Seitenschiffdächer, die in 20 m Höhe aufsteigen. Wenn man dann noch den Dachreiter und die Sakristei hinzurechnet, kommt man auf über 12.000 Quadratmeter Bleidachflächen.
Das gesamte Bauvolumen des Domes beträgt etwa 405.000 Kubikmeter. Dabei ist das Strebewerk noch nicht einmal mitgerechnet, das, wenn man es mit einem Dach versehen würde, ein Raumvolumen von etwa 50.000 Kubikmetern ausfüllen würde. Der reine Luftraum des Dominneren beträgt demgegenüber weniger als die Hälfte, nämlich etwa 195.000 Kubikmeter. Diese Zahl erklärt zur Genüge, warum es wenig sinnvoll ist, den Dom im Winter zu heizen.

WAS KOSTET DER DOM?

Diesen gewaltigen Bau mit seinen zahlreichen Altären, Statuen, Grabmälern und anderen Kunstwerken zu pflegen und zu erhalten ist die Aufgabe der Dombauhütte. Etwa 90 Handwerker, Steinmetzen, Schmiede, Schreiner, Maler, Dachdecker, Zimmerleute, Glasrestauratoren und Goldschmiede, dazu noch Sekretärinnen, Architekten, Ingenieure, Kunsthistoriker und Archäologen betreuen unter der Leitung des Dombaumeisters den Dom. Doch sie können nicht alle Arbeiten alleine verrichten. Stets sind auch andere Firmen beteiligt, die etwa normale Hochbauarbeiten ausführen, Wand- und Tafelgemälde restaurieren, Gitter schmieden und die Elektroinstallation in Stand halten.
Dies kostet natürlich alles Geld. Im Jahre 1997 waren es über 18 Millionen DM. Davon gaben das Erzbistum Köln und die Hohe Domkirche

zusammen 3,42 Mill., das Land Nordrhein-Westfalen 1,45 Mill. und die Stadt Köln 324.000 DM. Der größte Geldgeber aber war der 1841 gegründete Zentral-Dombau-Verein, der in diesem Jahre 13 Mill. DM beisteuerte. Er hat zur Zeit fast 6000 Mitglieder, aber das sind viel zu wenig. Wer also etwas für den Erhalt des Doms beitragen will, kann dies am besten tun, wenn er Mitglied des Zentral-Dombau-Vereins wird, damit er bald wieder die Zahl von 10.000 Mitgliedern erreicht, die er 1842 hatte.

DER DOM HAT SEINE EIGENEN FESTE

Ein Schlußwort

Eindrucksvolle Bilder und ein reiches Geflecht von Artikeln, Berichten und Anmerkungen sind in diesem Buch von Erich Läufer zusammengetragen, um auf seine Weise mitzuhelfen, das große Fest des Jahres 1998 „750 Jahre gotischer Dom in Köln“ zu einem nachhaltigen Ereignis werden zu lassen. Ich möchte allen herzlich danken, die mit großer Mühe, aber wie ich hoffe, auch mit großer Freude an diesem Werk mitgearbeitet haben. Der Dom selbst würde sich bedanken, aber der steinerne Riese ist darauf angewiesen, daß Menschen für ihn sprechen und handeln. So darf ich das tun und in seinem Namen mich gleichsam verneigen vor all denen, die ihm jetzt und in den vergangenen 750 Jahren Gutes getan haben.

Der Dom selbst ist natürlich vor allem ein Raum für große Feste und Feiern, die allerdings immer im Mittelpunkt den Dank an unseren Gott und Herrn haben für das Werk der Schöpfung und das unendlich große Geschehen der Erlösung durch unseren Herrn Jesus Christus. Tag für Tag feiern wir die heilige Eucharistie in diesem Dom, das heißt, die Danksagung an Gott. Der gewaltige Raum wird von tausenden gläubiger Menschen erfüllt und besonders lebendig gemacht, wenn in den großen Gottesdiensten der Erzbischof in seiner Kathedrale die Festtage des Kirchenjahres feiert.

Im Durchschnitt kommen 18.000 Menschen pro Tag in den Dom, vor allem natürlich auch, um das große Kunstwerk der monumentalen, gotischen Architektur zu sehen, zu erleben und zu bestaunen. Vergeblich versuchen jeden Tag hunderte von Touristen, den Dom möglichst zusammen mit ihren Angehörigen auf ihren Film zu bannen und stellen in der Regel traurig und enttäuscht fest, daß entweder der Dom zu groß oder ihr Apparat zu klein ist.

Aber auch der Dom selbst hat seine Feste, so wie wir es im Jahr 1998 begehen wollen. Wir hoffen, daß an diesen Feiern viele Menschen dankbar teilnehmen, auch wenn es für viele ein nicht so großes Fest wie 1948 sein wird, als wir 700 Jahre gotischer Dom feiern konnten. Damals, unmittelbar nach Kriegsende, war dieses Fest von einmaliger Bedeutung nicht nur für Köln und seinen Dom, sondern für das gesamte Nachkriegsdeutschland. Ja, ich glaube mehr noch für das gesamte Europa, weil zum ersten Mal gezeigt werden konnte, daß Völker, die sich in einem grausamen Krieg jahrelang feindlich gegenüberstanden, jetzt mit aller Kraft versuchten, in Frieden miteinander festlich das Jubiläum dieses Gotteshauses zu feiern. Im Mittelpunkt der großen Feiern von 1948 stand damals der Päpstliche Legat, Kardinal Micara, der in seiner Person Festigkeit, Glauben, Vertrauen und friedliches Miteinander verkörperte und der auf Grund seiner Persönlichkeit und der besonderen Situation von 1948 eine Ausstrahlung hatte, die auf alle Menschen überging, auch auf mich, der ich damals als junger Mann in Köln dabei war. Bischöfe aus all den Ländern und vielen Städten, mit denen wir noch wenige Jahre vorher durch den Krieg getrennt waren, kamen nach Köln, um hier mit Josef Kardinal Frings und abertausenden von Menschen dieses Fest des Domes, das zu einer Feier der Versöhnung wurde, zu begehen. Die Kirche hat es damals als erste und zunächst einzige Institution geschafft, den Krieg mit seinen unbeschreiblichen Zerstörungen, die augenfällig besonders in Köln in den Trümmern noch zu erkennen waren, zu überwinden und die Herzen der Menschen zum Frieden hin zu bewegen. Der Dom und sein Jubiläumsfest sind damals gleichsam der Katalysator für Menschen guten Willens geworden.

Im Festjahr 1998 sollten wir uns auch an die Festlichkeiten des Jahres 1980 erinnern, als wir der Fertigstellung des Domes vor 100 Jahren in großen Feiern gedachten. Dieses Fest von 1980 ist gleichsam zur Brücke zum Fest von 1998 geworden. Damals war es ein mehr nationales Ereignis, denn die Fertigstellung des Domes nach vielen Jahrhunderten des Bauens und des Wartens war durch Sulpiz Boisserée und seine Freunde, aber auch durch die große Unterstützung der preußischen Könige gelungen. Das großartige Werk vollkommener Gotik schien vollendet, und keiner hätte gedacht, daß Krieg und schädliche Umwelteinflüsse diesem Dom noch einmal Schaden bringen könnten. Jetzt aber müssen wir feststellen, daß auch nach 750 Jahren der Dom nicht vollendet ist, sondern daß ihm immer wieder Hilfe zukommen muß. Wir sind deshalb dankbar, daß seit über 150 Jahren die Bürgerinitiative des Zentral-Dombau-Ver-

eins Menschen aktiviert, die finanziellen Hilfen für diesen Dom bereitzustellen. Die Hilfen der öffentlichen Hand sind mehr und mehr zurückgegangen, und auch das Ereignis der Aufnahme des Kölner Doms in die Liste des Weltkulturerbes hat bis jetzt daran nichts geändert. Die Erhaltung des Doms kostet nun einmal viel Geld. Das muß man ganz nüchtern feststellen. Wenn man dabei bedenkt, daß die vielen Kubikmeter umbauten Raums unseres Kölner Doms etwa vergleichbar sind mit 40 Pfarrkirchen mittlerer Größe, dann kann einem klar werden, welche Gelder für die Unterhaltung des Domes erforderlich sind.
Nun soll das vorliegende Buch nicht die Frage der Finanzierung des Doms erläutern, sondern es ist eine Anregung und Einladung, an den festlich freudigen Tagen des Jubiläums teilzunehmen und viele Menschen, die durch den Glauben an Jesus Christus in diesem Dom einen Ort des Gebetes und des Opfers suchen, aber auch alle, die sich an diesem großartigen Bauwerk unserer Vorfahren freuen, den Weg zum Dom finden zu lassen.

ZEITTAFEL ZUR GESCHICHTE DES KÖLNER DOMS

um 180 n. Chr.	Der hl. Irenäus erwähnt in seinen Schriften Christen „in beiden Germanien“. Köln ist zu dieser Zeit Hauptstadt von Niedergermanien.
313/14	Mailänder Edikt. Als erster Bischof von Köln wird Maternus genannt. Reisen zu Synoden nach Rom und Arles. Zu dieser Zeit vermutlich schon in Köln eine Kirchenanlage.
um 565	Die Bischofskirche wird erweitert und erhält zum vorhandenen Westchor einen Ostchor.
nach 850	Baubeginn des Alten Doms.
27. Sept. 870	Erzbischof Wilibert weiht den Alten Dom. Diese Kirche ist etwa 100 m lang, dreischiffig, und hat im Osten wie im Westen je ein Querhaus und einen Chor.
vor 965	Erzbischof Bruno baut an jeder Seite ein Seitenschiff an und macht den Dom damit fünfschiffig.
23. Juli 1164	Erzbischof Reinhald von Dassel bringt die Gebeine der Heiligen Drei Könige nach Köln und stellt sie zur Verehrung im Alten Dom aus.
nach 1181	Der Goldschmied Nikolaus von Verdun arbeitet mit seiner Werkstatt am Dreikönigenschrein.

1225	Erzbischof Engelbert I. von Berg plant einen Neubau des Alten Doms. Durch seine Ermordung am 7. Nov. 1225 wird er an der Ausführung gehindert.
13. Apr. 1248	Das Domkapitel beschließt den Neubau des Doms und sorgt für die Finanzierung.
26. Apr. 1248	Brand des Alten Doms durch unvorsichtige Abbruchmaßnahmen.
15. Aug. 1248	Erzbischof Konrad von Hochstaden legt den Grundstein zum gotischen Dom.
um 1265	Das Erdgeschoß des gotischen Chores kann benutzt werden.
Sept. 1322	Der Chor der gotischen Kathedrale wird eingeweiht.
um 1360	Baubeginn des Südturmes.
um 1375	Der Figurenschmuck des Peterportals entsteht.
1389	Das Südquerhaus und das Südseitenschiff können für Gottesdienste benutzt werden.
1410	Der Bau des Südturms wird in 58 m Höhe eingestellt. Der hölzerne Baukran bleibt bis 1868 ein Wahrzeichen Kölns.
1448	Im hohen Stumpf des Südturmes des Doms wird die Glocke „Pretiosa“ (11 Tonnen), die größte des damaligen Europas, aufgehängt.
1507/09	Das Mittelschiff des Langhauses, das Nordquerhaus und die nördlichen Seitenschiffe können dem Gottesdienst übergeben werden. Im Nordseitenschiff Einsetzen der Fenster.

1560	Der Baubetrieb am Dom wird offiziell beendet.
1744/70	Der Dom wird im Barockstil restauriert. Wände, Pfeiler und Chorgestühl werden weiß überstrichen. Der Chor wird Barock umgestaltet.
1794	Die französischen Revolutionstruppen ziehen in Köln ein. Kein Gottesdienst mehr im Dom. Der Dom wird Korn- und Futtermagazin für die französische Armee.
1801	Das Erzbistum Köln wird aufgelöst. Der Dom wird Pfarrkirche. Vorher quartieren die Franzosen mehrere Tausend österreichische Kriegsgefangene im Dom ein.
16. Juli 1821	Der Papst stellt das Erzbistum Köln wieder her durch ein Abkommen mit dem Königreich Preußen.
1823	Restaurierungsarbeiten am Chor des Doms beginnen.
4. Sept. 1842	König Friedrich Wilhelm IV. von Preußen und Erzbischof Johannes von Geissel legen den Grundstein zum Weiterbau. Dombaumeister ist Ernst Friedrich Zwirner.
1863	Das Innere des Doms ist fertig.
1874	Beginn des Kulturkampfes. Erzbischof Paulus Melchers wird von der preußischen Regierung verhaftet und als Gefangener in die Strafanstalt Klingelpütz gebracht. Er flieht später nach Holland.
15. Okt. 1880	Der Dom ist vollendet. In Köln wird ein großes Fest gefeiert, an dem die Kirche jedoch nur am Rande beteiligt ist. Im Mittelpunkt steht Kaiser Wilhelm I.
1911	Die Eisenbahnbrücke von 1859 wird durch die Hohenzollernbrücke abgelöst. Sie steht in gefährlicher Nähe zum Dom.

1904–1939	Die Dombauhütte erneuert das Strebewerk am Chor des Doms.
1942–1945	Im Zweiten Weltkrieg wird der Dom schwer beschädigt. Eine Benutzung ist vorerst ausgeschlossen.
15. Aug. 1948	Unter Erzbischof Kardinal Frings feiert Köln das 700-jährige Jubiläum der Grundsteinlegung des Domes. Es war das erste große Fest in Deutschland nach dem Krieg. Zum Dombaufest war der Chor wieder benutzbar.
29. Aug. 1956	Anläßlich des Katholikentages wird das ganze Innere des Domes wieder dem Gottesdienst übergeben.
1980	Mit einem großen Fest wird die hundertste Wiederkehr der Vollendung des Doms gefeiert.
1998	750 Jahre Gotischer Dom.

WIR HABEN EINEN STERN GESEHEN

Domwallfahrt vom 8. bis zum 23. August 1998

Wir haben einen Stern gesehen, lautet das Leitthema der Wallfahrtszeit. Es ist der biblischen Erzählung von den drei Sterndeutern aus dem Morgenland (Mt 2,1–12) entnommen. Zur Zeitenwende brachen sie auf, Gott zu suchen und nach ihm zu fragen. Als sie ihn fanden, fielen sie vor ihm nieder, beteten ihn an, brachten ihm ihre Gaben und kehrten mit der frohen Botschaft von der Menschwerdung Gottes in ihre Heimat zurück.

An der Schwelle zum 3. Jahrtausend nach Christi Geburt nimmt das pilgernde Volk Gottes in der Erzdiözese Köln die christliche Programmatik der Drei-Königs-Erzählung auf. In den 16 Tagen der Domwallfahrt wird hierzu in der Hohen Domkirche gepredigt. Eine „Dreikönigskrippe“ im Kölner Dom versinnbildlicht die Stationen der Drei Könige auf ihrer Reise zu Gott.

GEISTLICHER MITTELPUNKT

Der Kölner Dom wird in der Wallfahrtszeit in besonderer Weise zum geistlichen Mittelpunkt der Erzdiözese Köln. Das Haus Gottes wird täglich von 6.30 bis 22.30 Uhr zum Gebet und zum Besuch geöffnet sein.

6.30 Uhr	Heilige Messe (sonntags 7.00 Uhr)
7.15 Uhr	Heilige Messe (sonntags 8.00 Uhr)
8.00 Uhr	Kapitelsmesse (sonntags 10.00 Uhr)
9.00 Uhr	Terz, gestaltet von Ordensgemeinschaften, die im Erzbistum Köln beheimatet sind (nur werktags)
9.30 Uhr	Geistliche Domführung mit Weihbischof Dr. Friedhelm Hofmann oder Dombaumeister Prof. Dr. Arnold Wolff (nur werktags)
10.30 Uhr	Pilgeramt (außer sonntags)
12.00 Uhr	Sext und Angelus, gestaltet von Ordensgemeinschaften, die im Erzbistum Köln beheimatet sind (nur werktags)
14.00 Uhr	Orgelmeditation
15.00 Uhr	Pilgerandacht mit Kölner Heiligengedenken
16.00 Uhr	Geistliche Domführung mit Weihbischof Dr. Friedhelm Hofmann oder Dombaumeister Prof. Dr. Arnold Wolff
17.30 Uhr	Vesper (sonntags 18.00 Uhr)
18.00 Uhr	Rosenkranzandacht (nur werktags)
18.30 Uhr	Pilgeramt
21.00 Uhr	Geistliche Stunde
22.00 Uhr	Komplet

Ganztägig besteht die Gelegenheit zur eucharistischen Anbetung in der Sakramentskapelle und zum Empfang der Heiligen Beichte.

Der Dreikönigenschrein wird vorgezogen, um einen Pilgergang zu den Reliquien und einen Ort des Gebetes vor dem Heiligtum zu ermöglichen.

ERÖFFNUNG

Ökumenisch gestaltet wird der offizielle Auftakt der Domwallfahrt: Am Samstag, dem 8. August, gestaltet die Arbeitsgemeinschaft Christlicher Kirchen in Köln (ACK) den „Kölner Ökumenischen Brückenweg“, zu dem Christen aller Konfessionen eingeladen sind. Dieser Weg wird abgeschlossen im Hohen Dom mit einem ökumenischen Gottesdienst um 16.00 Uhr.

DIE ZENTRALEN FESTTAGE

14. August 1998

Vespergottesdienste in zentralen Kirchen der 16 Stadt- und Kreisdekanate mit Gästen aus der Weltkirche; im Anschluß daran Veranstaltungen mit weltkirchlichem Bezug.

19.30 Uhr Pontifikalamt in St. Mariä Himmelfahrt, Köln, im Anschluß Prozession zum Dom

21.30 Uhr bis 6.30 Uhr Gebetsnacht im Dom

15. August 1998

10.00 Uhr Statio-Gottesdienste in 16 Kölner Innenstadtpfarreien mit den 16 Gästen aus der Weltkirche und den jeweiligen Kreis- und Stadtdechanten sowie den Gläubigen aus den jeweiligen Kreis- und Stadtdekanaten

10.30 Uhr Sternprozession zum Dom Fahnen/Symbole/Schilder für die Stadt- und Kreisdekanate

11.30 Uhr Eucharistiefeier mit dem päpstlichen Kardinallegaten in Konzelebration mit dem Erzbischof von Köln, dem Nuntius, den Gast- und Weihbischöfen, dem Dompropst, dem Metropolitankapitel und den Stadt- und Kreisdechanten

16.00 Uhr Festakt im Gürzenich

18.30 Uhr Pontifikalvesper

16. August 1998

10.00 Uhr Pontifikalhochamt als Familiengottesdienst, Einladung an alle Kommunionkinder des Jahres 1998

Tagesgestaltung speziell für Familien mit „Kramer, Zunft und Kurtzweyl“
Empfang des Herrn Erzbischof im Maternushaus zum Abschluß.

FIRMUNG

Die jährliche Erwachsenenfirmung findet am 22. August in der Hohen Domkirche statt.

NACHTWALLFAHRT DER JUGEND

Vom 22. auf den 23. August wallfahren die Diözesanjugend und der BDKJ zur Hohen Domkirche.

KARITATIVER SCHWERPUNKT

Wohnungslose Menschen stehen im Mittelpunkt des karitativen Engagements im Rahmen der Domwallfahrt.
In allen Wallfahrtsgottesdiensten wird für Projekte katholischer Obdachlosenarbeit im Erzbistum Köln kollektiert.

MITTELALTERLICHER PILGERMARKT

„Kramer, Zunft und Kurtzweyl“, Arbeitsgemeinschaft zur Erhaltung und Belebung mittelalterlicher Kultur e. V., hält vom 9. bis zum 23. August täglich von 11.00 bis

22.00 Uhr einen mittelalterlichen Pilgermarkt auf dem Roncalliplatz ab. Die Kölner Dombauhütte wird sich daran mit eigenen Ständen beteiligen. Der Markt wird am 8. August gegen Abend eröffnet.

ÖFFENTLICHE VORLESUNGEN ÜBER DEN DOM

Dombaumeister Prof. Dr. Arnold Wolff hält in der Wallfahrtszeit täglich von 22.30 bis 23.00 Uhr öffentliche Vorlesungen mit Lichtbildern und historischen Filmaufnahmen über den Dom auf dem Roncalliplatz.

ABSCHLUSS

Die Wallfahrtszeit endet mit einem feierlichen Pontifikalamt am Sonntag, dem 23. August. Dieser Gottesdienst wird insbesondere von den katholischen ausländischen Missionen im Erzbistum Köln gestaltet.

BESONDERE GOTTESDIENSTE IM DOM 1998 (AUSZUG):

Sternsinger
Aussendungsgottesdienst mit Kardinal Meisner am 2. 1. 1998 im Kölner Dom

Eröffnung des Jubiläumsjahres
Pontifikalamt mit Kardinal Meisner am 6. 1. 1998

Du hüllst dich in Licht wie ein Kleid (Ps 104,2)
Lichtmeditation mit Weihbischof Dr. Friedhelm Hofmann am 7. 1. 1998

Internationaler Soldatengottesdienst
am 22. 1. 1998

40. Misereor Fastenaktion
Pontifikalamt zur Eröffnung mit Kardinal Meisner und Bischöfen aus aller Welt am 1. 3. 1998

Weltgebetstag der Frauen
am 6. 3. 1998

Akathistos Hymnos
Fastenvesper der Griechisch-orthodoxen Metropolie am 13. 3. 1998

Weltfrömmigkeit. Zur Aktualität der Hildegard von Bingen
„Frauen-Wort im Dom" im Rahmen eines Vespergottesdienstes von Prof. Dr. Hanna-Barbara Gerl-Falkovitz/Dresden am 20. 3. 1998

Hildegard – Prophetin für unsere Zeit?
„Frauen-Wort im Dom" im Rahmen eines Vespergottesdienstes von Prof. Dr. Marie Theres Wacker/Köln am 27. 3. 1998

Gott – ein Vergessener im eigenen Haus? Hildegard von Bingen als Lehrmeisterin der Gottsuche
„Frauen-Wort im Dom" im Rahmen eines Vespergottesdienstes von Schwester Christiane Rath OSB/Eibingen am 3. 4. 1998

Deutsches Chorfest PUERI CANTORES
Geistliche Eröffnung am 30. 4. 1998
Geistliche Musik am Dreikönigenschrein am 1. 5. 1998
Hochamt am 3. 5. 1998

Weltgebetstag für geistliche Berufe
Wort-Gottes-Feier am 3. 5. 1998

Männerwallfahrt
Eucharistiefeier am 21. 5. 1998

Patrozinium der Hohen Domkirche
Pontifikalamt mit Kardinal Meisner
Einweihung der neuen Klaisorgel am 29. 6. 1998

Katholischer Deutscher Frauenbund
Eucharistiefeier aus Anlaß einer Domwallfahrt am 23. 7. 1998

Ältere folgen dem Stern

Eucharistiefeier aus Anlaß der Seniorenwallfahrt am 1. 10. 1998

Priestertreffen

Pontifikalvesper mit Erzbischof Joseph Kardinal Ratzinger am 26. 10. 1998

Abschluß des Jubiläumsjahres

Pontifikalamt zum Abschluß am 8. 12. 1998

BEGEGNUNGEN / AKTIONEN / VORTRÄGE (AUSZUG)

Präsentation des neuen Domfilms

am 6. 1. 1998 im Maternushaus

40. Misereor Fastenaktion

Kundgebung am 28. 2. 1998 in der Börse

BDKJ Jugendaktion am 28. 2. 1997

Begeistert für die Kirche

Diözesaner Weltjugendtag der Jugend 2000 im Erzbistum Köln am 5. 4. 1998 im Maternushaus

Priesterseminar

Tag der Offenen Tür am 26. 4. 1998

„Am Dom zo Kölle …"

am 8. 5. 1998, auf dem Roncalliplatz

18.00 Uhr Gottesdienst

19.30 Uhr Open-Air-Fest

mit den Bläck Fööss, Kölner Chören und vielen musikalischen Überraschungen

Weltkulturerbefeier

Festakt am 16. 10. 1998 im Maternushaus

Priestertag mit Erzbischof Joseph Kardinal Ratzinger

am 26. 10. 1998 in der Börse

AUSSTELLUNGEN / INSTALLATION

Lichtprojektion auf die Westfassade des Kölner Doms

eine mehrteilige Installation von Karin Veldhues vom 6. bis zum 19. 1. 1998 von 17.00 bis 19.00 Uhr

Menschen, Engel, Ungeheuer

Ausstattungsdetails des Kölner Domes

Photographien von Reinhard Matz und Axel Schenk vom 19. 1. bis zum 15. 2. 1998 im Domforum

La Cité céleste – Die himmlische Stadt

Ausstellung über den Komponisten Olivier Messiaen vom 25. 2. bis zum 14. 4. 1998 im Foyer der Philharmonie

Französische Kathedralmodelle des 19. Jahrhunderts

vom 29. 4. bis zum 28. 6. 1998 im Clemens-Sels-Museum/Neuss

Dom-Sichten

Foto-Arbeiten von Walter Klein vom 29. 4. bis zum 28. 6. 1998 im Haus Rottels/Neuss

Die neue Domschatzkammer

voraussichtliche Eröffnung im August 1998

Die Welt als große Sinfonie

Ausstellung über das künstlerische Schaffen des Malers und Komponisten Mikalojus Konstantinas Ciurlionis (1875–1911) vom 20. 6. bis zum 30. 8. 1998 im Wallraf-Richartz-Museum

Glaube und Wissen im Mittelalter

Ausstellung von Handschriften der Dom- und Diözesanbibliothek vom 7. 8. bis zum 15. 11. 1998 im Erzbischöflichen Diözesanmuseum

Leben ohne Wände. Obdachlose in Köln

Photographien von Anna Lingscheid vom 8. bis zum 23. 8. 1998 im Domforum

Das gotische Rathaus zu Köln – Teil I –
Ausstellung vom 11. 8. bis zum 4. 9. 1998 in der Rotunde der Stadtsparkasse Köln

Der Kölner Dom in der Grafik des 15. bis 19. Jahrhunderts
Ausstellung vom 12. 8. bis zum 26. 9. 1998 im Grafikantiquariat Boisserée

Die gotische Kathedrale Köln – Idee und Wirklichkeit
Ausstellung vom 14. 8. bis 31. 10. 1998 im Historisches Archiv der Stadt Köln

Das gotische Rathaus zu Köln – Teil II –
Ausstellung vom 9. 9. bis zum 5. 10. 1998 in der Piazzetta und im Hansasaal des Historischen Rathauses zu Köln

Domgestein. Fotografien 1931–36
Ausstellung vom 14. 9. bis zum 9. 10. 1998 im Hannes Maria Flach-Archiv, Köln

Die Großstadt als Paradies
Himmlisches und irdisches Jerusalem in der Malerei des Spätmittelalters, eine Kabinettausstellung ab November 1998 im Wallraf-Richartz-Museum

Himmelslicht – Gotische Glasmalerei 1248 bis 1350
Ausstellung des Schnütgen-Museums vom 19. 11. 1998 bis zum 7. 3. 1999 in der Josef-Haubrich-Kunsthalle

Der Kölner Dom – Höhepunkt europäischer Gotik

Ausstellung der Kölner Malakademie ab dem 7. 12. 1998 im Maternushaus

KONZERTE

Wir haben seinen Stern gesehen

Vokalensemble Kölner Dom/Eberhard Metternich

Geistliche Musik am Dreikönigenschrein zum Jubiläumsjahr „750 Jahre gotischer Dom. Gotik in Köln 1998“ am 8. 1. 1998 im Hohen Dom

Arvo Pärt: Kanon

Uraufführung einer Auftragskomposition für den Kölner Dom

Estnischer Philharmonischer Kammerchor/Tönu Kaljuste

Geistliche Musik am Dreikönigenschrein am 17. 3. 1998 im Hohen Dom

Trauermette am Gründonnerstag

Choralschola des Kölner Domchores/Oliver Sperling

Die Responsorien der Karwoche im gregorianischen Choral

Geistliche Musik am Dreikönigenschrein am 9. 4. 1998 im Hohen Dom

AUTORENVERZEICHNIS

Joachim Kardinal Meisner
Erzbischof von Köln
Geburtsjahr 1933

Dr. Georg Hauser
Grabungsleiter der Domgrabung
Geburtsjahr 1946

Dompfarrer
Monsignore Rolf Breitenbruch
Geburtsjahr 1937

Prälat Dr. Günter Assenmacher
Erzbischöflicher Offizial
Von 1985–1993 Domvikar und
Domzeremoniar
Geburtsjahr 1952

Weihbischof Dr. Friedhelm Hofmann
Geburtsjahr 1942

Domkapitular
Ludwig Schöller
Bischofsvikar, Künstlerseelsorger
Geburtsjahr 1928

Prälat
Erich Läufer
Chefredakteur
Geburtsjahr 1927

Dr. Hermann-Josef Roth
O. Cist., Studiendirektor
Geburtsjahr 1938

Arnold Wolff
Prof. Dr.-Ing.
Dombaumeister in Köln
Geburtsjahr 1932

Hans Günter Schönen
Pfarrer i. R., Vorstandsmitglied und
Literaturbeauftragter der Sammlergilde
St. Gabriel e. V.
Geburtsjahr 1928

Dr. Rolf Lauer
Leiter des Dombauarchivs
Geburtsjahr 1944

Domkapitular
Prof. Dr. Norbert Trippen
Leiter der Hauptabteilung Schule/Hochschule im Generalvikariat Köln
Geburtsjahr 1936

Erich Kock
Publizist
Geburtsjahr 1925

Robert Boecker
Journalist
Geburtsjahr 1961

Quellennachweis

Die Gedichte von Johannes Büchner (S. 85), von Börries Frhr. von Münchhausen (S. 128), von Michel Becker (S. 76), Franz Alfons Hoyer (S. 25) und Rainer Maria Rilke (S. 39) sind dem Werkheft „Wir bauen am Dom“ von 1948 entnommen. Der „Domhymnus“ gehört zur Festtagsliturgie des „Bamberger Doms“. Das Bild vom Dreikönigenschrein stellte uns dankenswerterweise die Dombau-Verwaltung zur Verfügung.